AF542004

LA POLITIQUE NATURELLE.

TOME PREMIER.

LA POLITIQUE NATURELLE.

OU

DISCOURS

SUR LES

VRAIS PRINCIPES

DU

GOUVERNEMENT.

PAR UN ANCIEN MAGISTRAT.

Vis consilî expers mole ruit suâ.
HORAT. ODE IV. *Lib. III. vers* 65.

TOME PREMIER.

LONDRES.
MDCCLXXIII.

PRÉFACE.

La Politique, ou l'art de gouverner les hommes ne peut être une ſcience obſcure, problématique, douteuſe, que pour ceux qui ne ſe ſont pas donné la peine de méditer ſuffiſament la nature humaine & le but de la Société. Les vrais principes du Gouvernement ſeront clairs, évidents, démontrés pour tous ceux qui auront réfléchi ſur ces objets importans; ils trouveront que la ſaine politique n'a rien de ſurnaturel & de myſtérieux; & qu'en remontant à la nature de l'homme, on peut en déduire un Syſtême Politique, un enſemble de vérités intimement liées, un enchaînement de principes auſſi ſûrs, que dans aucune des autres connoiſſances humaines. Cette Politique, trop ſouvent méconnue par ceux qui la profeſſent, n'a paru ſi peu évidente que parce que les notions fauſſes qu'on s'en eſt faites, ont empêché de la conſidérer ſous ſon vrai point de vue. On la trouvera très ſimple quand on oſera la voir ſans préjugé. Les paſſions, les intérêts imaginaires des Princes, les idées métaphyſiques de la Théologie, les menées ténébreuſes des cours, ont ſurtout contribué à faire de la ſcience du Gouvernement un cahos impénétrable pour les eſprits, les plus exercés, les ténebres disparoîtront, dès que nous écarterons les voiles de la prévention.

On se persuade communément que la réforme des abus du Gouvernement est une chose impossible. La paresse des esprits s'accommode très-bien de cette maxime, & la trouve indubitable: conséquemment fort peu de Citoyens, & encore moins de Souverains daignent s'occuper des maux dont ils souffrent également. Que l'homme de bien ne se livre pas à ces idées décourageantes; qu'il pense aux malheurs de son pays, non pour les augmenter par des troubles, mais pour en chercher les causes & pour en indiquer les remedes raisonnables, c'est-à-dire compatibles avec le bien de la Société. Il faut de la raison, du sang-froid, des lumieres & du tems pour réformer un Etat: la passion, toujours imprudente, détruit sans rien améliorer. Les nations doivent supporter avec longanimité les peines qu'elles ne peuvent écarter sans se rendre plus misérables. Le perfectionnement de la Politique ne peut être que le fruit lent de l'expérience des siecles, elle meurira peu-à-peu les institutions des hommes, les rendra plus sages, & dès lors même plus heureux. Que le bon citoyen communique donc ses idées à sa patrie; qu'il la console des maux présents par l'espoir d'un avenir plus agréable; qu'il lui faſſe entrevoir dans cet avenir, des Princes fatigués de leurs triſtes folies, & des Peuples laſſés du joug de l'eſclavage: en un mot, qu'il eſpere qu'un jour les Souverains & les Sujets, ennuyés de ſe laiſſer guider au hazard, recoureront à la réflexion, à la raiſon, à l'équité qui ſuffiſent pour mettre fin aux calamités dont ils ſouffrent également.

NUL peuple ne peut être heureux, s'il n'eſt gouverné ſuivant les Loix de la Nature, qui conduiſent toujours à la vertu:

NUL Souverain ne peut être grand, puiſſant & fortuné, s'il ne regne avec juſtice ſur des Peuples raiſonnables. Tels ſont les vrais principes de l'harmonie ſociale que le Gouvernement eſt fait pour établir. Malheur aux Peuples dont les Chefs regarderoient ces maximes comme ſéditieuſes, ou comme une ſatire maligne de leur façon de gouverner! Malheur à ces Chefs eux-mêmes qui fermeroient alors les yeux ſur leurs plus grands intérêts!

TABLE DES DISCOURS.

CONTENUS DANS CET OUVRAGE.

TOME SECOND.

POLITIQUE

POLITIQUE
NATURELLE.

SOMMAIRE DU PREMIER DISCOURS.

DISCOURS PREMIER

DE LA SOCIÉTÉ.

§ I. *De la Sociabilité.*

FAUTE d'envisager les choses sous leur vrai point de vue, au lieu d'éclaircir la Politique, bien des Penseurs n'ont fait que rendre obscurs ses principes les plus simples & les plus évidents: trompés par des notions abstraites & métaphysiques, ils n'ont pu nous rendre raison du sentiment que l'on a nommé *Sociabilité*, ou du penchant qui porte l'homme à vivre avec les êtres de son espece. La Sociabilité est dans l'homme un sentiment naturel, fortifié par l'habitude & cultivé par la raison. La Nature en faisant l'homme sensible, lui inspira l'amour du plaisir & la crainte de la douleur. La Société est l'ouvrage de la Nature, puisque c'est la Nature qui place l'homme dans la Société. L'amour de la Société ou la Sociabilité est un sentiment secondaire qui est le fruit de l'expérience ou de la raison. La raison n'est que la connoissance de ce qui nous est utile où nuisible, fournie par l'expérience & la réflexion.

L'HOMME vit en ſociété, parce que la Nature l'y a fait naître; il aime cette Société, parce qu'il trouve qu'il en a beſoin : ainſi, lorſqu'on dit que la Sociabilité eſt un ſentiment naturel à l'homme, on indique par là que l'homme, ayant le deſir de ſe conſerver & de ſe rendre heureux, en chérit les moyens; que né avec la faculté de ſentir, il préfere le bien au mal; que ſuſceptible d'expériences & de réflexions, il devient raiſonnable, c'eſt à dire, capable de comparer les avantages que la vie ſociale lui procure avec les déſavantages qu'il éprouveroit, s'il étoit privé de la Société. D'après ces expériences, ces réflexions, cette comparaiſon, il préfere un état qui lui procure une exiſtence agréable & conforme à ſon être à la ſolitude qui lui déplait, qui l'inquiete, qui le laiſſeroit dépourvu de ſecours. En un mot, l'homme eſt ſociable, parce qu'il aime le bien-être & ſe plaît dans un état de ſécurité. Ces ſentimens ſont naturels, c'eſt-à-dire découlent de l'eſſence ou de la nature d'un être qui cherche à ſe conſerver. qui s'aime lui-même, qui veut rendre ſon exiſtence heureuſe, & qui ſaiſit avec ardeur les moyens d'y parvenir. Tout prouve à l'homme que la vie ſociale lui eſt avantageuſe; l'habitude l'y attache, & il ſe trouve malheureux, dès qu'il eſt privé de l'aſſiſtance de ſes ſemblables. Voilà le vrai principe de la Sociabilité.

§ II. *De l'Etat de Nature.*

LA plûpart des Philoſophes nous parlent d'un *état de Nature* qui n'eût jamais d'exiſtence que dans l'imagination. On croit qu'il fut un tems où les hommes vêcurent épars, iſolés, ſans aucune communication avec les êtres de leur eſpece; en un mot, entiérement ſemblables à quelques bêtes féroces. Rien de plus chimérique & de plus oppoſé à la nature humaine, que cet état de Nature. L'homme, fruit d'une Société contractée entre un mâle & une femelle de ſon eſpece, fut toujours en Société; dès qu'il vit la lumiere il vêcut avec ſes parens, avec ſes freres & ſes ſœurs. Ses beſoins, l'habitude & l'expérience lui rendirent cette Socité de plus en plus néceſſaire; il l'augmenta lui-même, lorſque ſa nature eut fait éclore en lui le beſoin de ſe multiplier.

Ce ſentiment ſera vrai, quelque ſyſtême qu'on adopte ſur la maniere dont l'homme s'eſt trouvé placé dans l'ordre des êtres. Si l'on ſuppoſe le genre humain né d'un ſeul homme, ce premier homme ne tarda pas à vivre en Société, d'abord avec ſa femme, enſuite avec ſes deſcendants. Suppoſera-t-on qu'un individu de la premiere famille a pu quitter la Société où il étoit né, pour s'enfoncer dans les déſerts? Dira-t-on qu'aprés être parvenu à l'âge où ſes forces lui permirent de travailler pour ſon compte, il voulut de gaîté de cœur ſe priver des avantages & des ſecours qu'il avoit éprouvés, dont il avoit ſenti l'utilité, qu'une habitude contractée dès l'enfance lui avoit rendus de plus en plus néceſſaires? Lui fallut-il des lumieres extraordinaires pour s'appercevoir que ſeul il devenoit une proie facile pour des animaux plus forts que lui? Eût-il beſoin d'une ſagacité prodigieuſe pour ſe convaincre, qu'à l'aide de ſes parens & de ſes freres il chaſſoit, il pêchoit, il abbatoit des arbres, il remuoit des pierres, il conſtruiſoit des cabanes plus promptement

& avec bien moins de fatigue que lorſque, tout ſeul, il entreprenoit ces travaux? Si l'inconſtance de ſon caractere; ſi quelque paſſion ou fantaiſie paſſagere euſſent par hazard déterminé un individu à ſe ſéparer de ſa famille, la crainte, l'ennui, l'inquiétude, la foibleſſe, le deſir de ſe conſerver, le beſoin de ſe multiplier dûrent bientôt l'y ramener; bientôt il dut ſentir tout ce qu'il avoit à perdre en s'éloignant des autres.

RIEN n'eſt donc plus imaginaire que cet état de Nature que quelques Philoſophes oppoſent ſans ceſſe à l'état de Société dans lequel l'homme eſt né, auquel l'enfance la plus tendre l'accoutume, & que le deſir de ſe conſerver, doit toujours lui rendre utile & agréable. Nier cette vérité, ce ſeroit prétendre que l'homme peut fuir volontairement ſon bien-être & ſe complaire dans un état de miſere.

§. III. *Avantages de la Vie Sociale.*

IL eſt vrai qu'une premiere famille en s'augmentant a dû former peu-à-peu pluſieurs familles diſtinctes dont les individus, à force de s'éloigner de la tige commune, purent à la fin ſe méconnoître; mais elles n'en formerent pas moins des Sociétés particulieres dont les membres s'unirent pour ſatisfaire leurs beſoins mutuels. L'homme fut toujours néceſſaire à l'homme; jamais il ne pût ignorer ou totalement oublier les avantages qui réſultent de la réunion des forces; toujours il reconnut que l'aſſociation étoit propre à lui procurer les biens, & à le mettre en état de réſiſter aux maux que la Nature lui fait alternativement éprouver. Ce feroit bien peu connoître la marche de l'efprit humain, fa volonté permanente d'améliorer fon fort, que de fuppofer qu'il ait pu de plein gré fe priver d'une façon d'être qui le rendoit heureux, pour embraffer une vie trifte, ifolée qui le rendoit & plus foible & plus malheureux. La crainte feule des objets nouveaux avec lefquels nos yeux ne font point familiarifés, nous force à chercher de l'appui dans nos femblables. La folitude, l'obfcurité, le bruit des vents, le vafte filence de la Nature nous allarment, nous inquietent & nous obligent à recourir à la Société. Elle eft un afyle contre nos ennuis, nos craintes, nos incertitudes, en un mot, contre nos maux réels ou imaginaires. L'homme, dès qu'il eft avec fon femblable, fe fent plus fort, fe croit plus en fûreté; il juge, pour ainfi dire fon exiftence doublée.

D'UN autre côté, l'homme a fans ceffe befoin de fentir; plus il a de fenfations, & plus il fe trouve heureux. L'activité de fon efprit lui rend le mouvement néceffaire; ce mouvement fe multiplie à mefure qu'il eft frappé par un plus grand nombre d'objets. Ainfi la Société multiplie en quelque maniere l'exiftence de l'homme à chaque inftant; elle crée à tout moment pour lui des fenfations nouvelles qui l'empêchent de tomber dans la langueur ou dans l'ennui. Le Sauvage a bien moins de fenfations, que l'habitant des Sociétés policées. Plus une fociété eft nombreufe, plus les fenfations augmentent, plus les mouvemens fe diverfifient; plus l'homme fait d'expériences, plus fa raifon fe développe; plus il s'attache à fes femblables, & plus fon être lui devient cher.

§. IV. *L'intérêt ou le besoin rendent l'homme sociable.*

C'est donc pour leur intérêt que les hommes s'associent. La Société n'a pour objet que de les faire jouir plus sûrement des avantages que la Nature ou leurs facultés, soit corporelles, soit mentales leur procurent; il s'établit donc des rapports entre la Société & ses membres. De ces rapports nécessaires découlent des devoirs réciproques, c'est-à-dire qui lient les hommes associés. Si les parties doivent au tout, le tout doit à ses parties. Mais, dira-t-on, qu'est-ce que la Société doit à chacun de ses membres? Je réponds qu'elle lui doit le bien-être, ou de le maintenir dans la jouissance des avantages qu'il a droit de prétendre, en tant qu'ils sont compatibles avec l'association; elle lui doit la sûreté sans laquelle ces biens deviendroient inutiles. Si l'homme n'avoit rien à gagner dans la Société, il s'en sépareroit; s'il y avoit à perdre pour lui, il ne tarderoit point à la quitter, il la détesteroit. Seul, ou si l'on veut, dans l'état de Nature, il jouiroit d'une indépendance totale, il profiteroit sans partage du fruit de son travail; mais, dès qu'il trouve de l'avantage dans l'association, il est forcé de dépendre de ceux dont il connoît avoir besoin; mais l'homme ne se met pas dans la dépendance gratuitement; il ne renonce à une portion de son indépendance, que dans la vue d'un plus grand bien que ne lui procureroit l'exercice entier de sa liberté; à portée de satisfaire ses besoins, ce n'est que par le motif d'un intérêt plus fort qu'il consent à se rendre utile aux autres. La Société doit donc compenser par les bienfaits les sacrifices que chaque homme est obligé de lui faire; sans celà elle les arrache par la force, ils ne sont libres & volontaires, que lorsqu'il en résulte un bien pour celui qui les fait. Des avantages plus réels, quoique souvent plus éloignés, dédommagent alors l'homme de quelques avantages immédiats, présents & passagers. L'homme isolé seroit totalement indépendant, mais son semblable le seroit aussi. L'homme isolé, lorsqu'il seroit le plus fort, pourroit s'emparer de ce que le travail a rendu propre à son semblable; mais deux autres hommes, en réunissant leurs forces, pourroient également s'emparer de ce qui appartiendroit au premier. L'homme isolé peut subsister, mais il subsiste plus aisément, lorsqu'il est secondé. L'homme isolé peut être heureux, mais il l'est encore plus, lorsque d'autres cooperent à son bonheur. Ainsi l'association procure des avantages réels que l'homme seul seroit incapable d'obtenir. La Société lui donne des forces; elle lui fournit des secours; elle lui procure des plaisirs, enfin elle lui donne une sûreté qu'il n'auroit point sans elle.

Un homme qui seul seroit plus fort, plus heureux, plus industrieux que tous les autres, n'auroit aucun besoin de vivre en Société. C'est là, sans doute, la source de la conduite du plus grand nombre des Monarques & des Souverains qui, appuyés des forces d'une Société, oublient qu'ils en dépendent, séparent leurs intérêts des siens, & semblent vivre pour eux seuls au milieu des Peuples qu'ils gouvernent. Un être indépendant des autres, devient nécessairement indifférent ou méchant.

§. V. *La Société doit le bonheur à ſes Membres.*

ON voit par ce qui vient d'être dit que la Société ne peut être avantageuſe pour l'homme, qu'en le faiſant jouir des biens que la Nature lui fait deſirer. Plus la Société lui aſſurera ces biens, plus elle ſera parfaite, plus elle lui ſera chere, plus elle lui deviendra néceſſaire. En aimant ſes aſſociés, ce n'eſt que lui-même qu'il aime; en les ſecourant, c'eſt lui-même qu'il ſecourt; en leur faiſant des ſacrifices, c'eſt à ſon propre bonheur qu'il ſacrifie. En un mot, l'intérêt, où l'amour éclairé de ſoi eſt le fondement des vertus ſociales; c'eſt le véritable motif de tout ce que l'homme fait pour le ſervice de ſes ſemblables. La vertu n'eſt que l'utilité des hommes vivants en Société. Etre vertueux, c'eſt être ſociable, c'eſt contribuer au bonheur de ceux avec leſquels notre deſtin nous lie, afin de les exciter à contribuer à notre propre félicité.

SI la Société ou ceux qui dirigent ſes mouvemens, loin de procurer à ſes membres la jouiſſance des avantages de leur nature, cherchent à les en priver; s'ils les forcent à des ſacrifices inutiles, douloureux & gratuits; s'ils mettent des entraves à leur travail ou à leur induſtrie; s'ils ne lui procurent ni bonheur ni ſûreté; dès lors l'homme ne trouve plus d'avantage dans l'aſſociation, il s'en ſépare, autant qu'il eſt en lui, ſa tendreſſe pour elle s'affoiblit; il ne peut aimer la Société qu'autant qu'elle eſt l'inſtrument de ſon bonheur; il finira par la déteſter, par la fuir, ou même par lui nuire, ſi elle le prive de tous les biens que ſa nature lui fait deſirer, ou ſi elle lui refuſe les choſes néceſſaires à ſa conſervation.

C'EST donc le vice de la Société qui rend ſes membres pervers. La Nature ne les a fait ni bons ni méchants, elle leur a ſimplement donné l'amour d'eux-mêmes, le deſir de ſe conſerver, la volonté d'être heureux. Ces ſentiments ſont légitimes & deviennent des vertus, lorſqu'ils ſe ſatisfont par des voies utiles aux autres: ce ſont des vices lorſqu'ils ne peuvent ſe ſatisfaire qu'aux dépens de la félicité d'autrui. La vertu eſt l'utilité, le vice eſt le dommage des êtres de l'eſpece humaine: l'un & l'autre ſont des effets de leurs volontés ou de leurs intérêts bien ou mal entendus. Lors qu'une Nation ou ceux qui la gouvernent ſont injuſtes ou rempliſſent négligemment leurs devoirs, ils relâchent ou briſent les liens de la Société; alors l'homme s'en détache; il en devient l'ennemi; il cherche ſon bonheur par des moyens nuiſibles à ſes aſſociés; de ce que la Société ne fait rien pour lui, le gêne, ou ne lui fait que du mal, il en conclut qu'il ne lui doit rien. Les nœuds de l'aſſociation s'affoibliſſent & ſe détruiſent, à meſure qu'un plus grand nombre des individus qui la compoſent, détâchent leurs intérêts des ſiens. C'eſt alors que chacun devient criminel & vicieux; ſes actions ne ſont plus dirigées que par un intérêt aveugle & perſonnel; l'amour de ſoi n'eſt guidé que par une imagination déréglée, par la paſſion, par l'ivreſſe. Chacun viole impunément les loix, dès qu'il le peut impunément; ou bien il emploie la ruſe pour les éluder ſourdement; dans une Société mal gouvernée, preſque tous les membres deviennent les ennemis les uns des autres. Chacun ne vit que pour lui-même, & s'occupe fort peu de ſes aſſociés: chacun ne ſuit que ſes paſſions, ne ſonge qu'à ſon intérêt perfonnel qui n'a rien de commun avec l'intérêt général; c'eft alors que *l'homme devient un loup pour l'homme*, & que l'état de Société rend quelquefois plus malheureux que l'état du Sauvage qui s'enfonce dans les forêts.

CES principes nous feront connoître les véritables fondements qu'il faut donner à l'amour pour la Patrie & à toutes les vertus qui font les vrais foutiens des fociétés politiques; ils ferviront à nous montrer les fources de cette indifférence dangereufe qui s'empare communément de la plupart des individus dans les Nations mal gouvernées; ils nous feront fentir l'influence néceffaire du Gouvernement fur les mœurs.

§. VI. *Du Pacte Social.*

SI l'homme eft lié à la Société, celle-ci, à fon tour, prend des engagements avec lui. Chaque individu contracte à-peu-près en ces termes avec elle. „ Aidez-moi, lui dit-il, & je vous „ aiderai de mes forces; prêtez-moi vos fecours; „ & vous pourrez compter fur les miens: tra„ vaillez à mon bonheur, fi vous voulez que je „ m'occupe du vôtre: prenez part à mes infor„ tunes & je partagerai les vôtres. Procurez„ moi des avantages affez grands pour m'engager „ à vous facrifier une partie de ceux que je pos„ fede." La Société lui répond, „ mèts en „ commun tes facultés; alors nous te prêterons „ nos fecours; nous multiplierons tes forces; „ nous travaillerons de concert à ta félicité; nous „ foulagerons tes peines; nous affûrerons ton re„ pos, & nos efforts réunis repoufferont de

„ toi les maux que tu redoutes, avec bien plus „ d'énergie que tu ne ferois ſans nous. Les for- „ ces de tous te protégeront; la prudence de „ tous t'éclairera, les volontés de tous te guide- „ ront. L'amour, l'eſtime & les récompenſes „ de tous payeront tes actions utiles & feront le „ ſalaire de tes travaux. En un mot, les biens „ que tous te procureront, te dédommageront „ amplement des ſacrifices que tu feras obligé de „ leur faire."

TELLES ſont les conditions du *Pacte Social* qui lie l'homme à la Société & la Société à l'homme. Il ſe renouvelle à chaque inſtant; l'homme tient continuellement la balance pour peſer & comparer les avantages & les déſavantages qui réſultent pour lui de la Société dans laquelle il vit. Si les biens l'emportent ſur les maux, l'homme raiſonnable ſera content de ſon ſort; ſi la Société lui aſſûre la poſſeſſion des avantages compatibles avec la nature de l'aſſociation, il jouit de toute la félicité qu'il ait en droit d'en attendre. Si au contraire les maux font pencher la balance, s'ils ne ſont compenſés que par de foibles biens, la ſociété perd ſes droits ſur lui, il s'en ſépare, la ſolitude eſt par inſtinct le premier remede qui ſe préſente à lui: il préfere de vivre ſeul, lorsqu'il a vu la Société complice des maux qu'il éprouve, ou lorſqu'il perd l'eſpérance de l'y voir remédier; le Citoyen vertueux quitte une Patrie ingrate qu'il ne peut plus ſervir, qui ſouffre qu'on l'opprime, qui méconnoit les ſervices qu'il lui rend. L'homme vicieux, quoique dans la Société, y exerce la même licence que s'il étoit tout ſeul: au milieu de ſes aſſociés, il vit comme s'il n'en avoit pas; il ſuit aveuglément ſes caprices, ſes fantaiſies, ſans égard pour les autres, ſans en prévoir les conſéquences, ſans en preſſentir la réaction ſur lui-même.

§. VII. *Des Devoirs; de l'Obligation: des Loix Naturelles.*

Si c'eſt le beſoin qui force les hommes à demeurer réunis, c'eſt le beſoin encore qui leur fournit les moyens de maintenir leur aſſociation. C'eſt donc le beſoin qui les oblige ou qui leur impoſe des devoirs. Les devoirs ne ſont que les moyens néceſſaires pour parvenir à la fin qu'on ſe propoſe. L'expérience, qui conſtitue la raiſon, nous découvre ces moyens, elle nous fait ſentir leur néceſſité, elle nous en montre l'application; ainſi c'eſt la raiſon qui donne à notre eſpece les Loix que l'on appelle *Naturelles*, parce qu'elles découlent de notre nature, de notre eſſence, de l'amour qui nous attache à notre exiſtence, du deſir de la conſerver, de l'attrait invincible que nous éprouvons pour l'utile & l'agréable, & de notre averſion pour tout ce qui nous eſt nuiſible & fâcheux.

Pour nous impoſer des devoirs, pour nous preſcrire des loix qui nous obligent, il faut, ſans doute, une autorité qui ait droit de nous commander. Refuſera-t-on ce droit à la néceſſité? Diſputera-t-on les titres de cette nature qui commande en ſouveraine à tout ce qui exiſte? L'homme a des devoirs, parce qu'il eſt homme; c'eſt-à-dire parce qu'il eſt ſenſible; parce qu'il aime le bien & fuit le mal; parce qu'il eſt forcé d'aimer l'un & de haïr l'autre; parce qu'il eſt obligé de prendre les moyens néceſſaires pour obtenir le plaiſir & pour éviter la douleur.

Les devoirs de l'homme ſont donc fondés ſur la Nature de l'homme lui-même. Cette Nature, en le rendant ſenſible, le rendit ſociable; en le rendant ſuſceptible d'expérience & de raiſon, cette Nature lui impoſa des devoirs envers les êtres de ſon eſpece. Cette même Nature attacha des récompenſes à l'obſervation de ſes loix, & en punit ſéverement les infracteurs: le bonheur, l'abondance, la tranquillité de la Société & de chacun de ſes membres ſont le prix néceſſaire de la ſoumiſſion à ſes ordres: l'infortune, la diſcorde, le vice, le crime, la deſtruction ſont les châtiments terribles attachés au refus de s'y conformer.

§. VIII. *Ces Loix Naturelles ſont claires & ſenſibles.*

Que l'on ne diſe point que ces loix n'ont point été promulguées: elles ſont ſimples, elles ſont claires, elles ſont intelligibles pour tous les habitans de la terre. Tous ceux qui dans le ſilence des paſſions, rentreront en eux-mêmes pour voir ce qu'ils doivent à leurs ſemblables, y trouveront que tous les individus qui compoſent l'eſpece humaine, ont reçu de leur nature les mêmes droits, les mêmes deſirs, les mêmes averſions, les mêmes beſoins. Ils ſeront forcés d'en conclure que ce qu'ils deſirent eux-mêmes, eſt la meſure de ce qu'ils doivent aux autres; vérité qui eſt tracée en caracteres ineffaçables dans les cœurs de tous les mortels.

L'expérience nous montre que la bienveillance, l'estime, la reconnoissance, la gloire suivent les hommes qui agissent conformément aux regles de leur nature; que la haine, le mépris, l'ignominie, la destruction s'accumulent sur les têtes de ceux qui violent ces devoirs. D'après cette expérience, sans sortir d'eux-mêmes, ils sont récompensés ou punis: un sentiment prompt les avertit qu'ils ont bien ou mal fait, qu'ils ont mérité l'affection ou la haine des êtres de leur espece: en conséquence ils s'applaudissent ou se condamnent au tribunal de leur propre conscience, qui n'est que la connoissance acquise par l'expérience des sentimens favorables ou nuisibles que notre conduite doit exciter dans ceux qui en éprouvent les effets. Lorsque l'homme est assûré qu'il a fait le bien, sa conscience ne lui offre que des sentimens agréables que l'on désigne sous les noms *d'estime de soi*, *de complaisance*, *de contentement intérieur*, de *fierté*; au contraire lorsqu'il a violé les devoirs d'un être sociable, il éprouve les mouvements incommodes de la haine, du mépris de lui-même, de la honte, de l'inquiétude, de la crainte, des remords: son imagination allarmée, sa mémoire importune lui retracent sans cesse le tableau de ses associés indignés. Ces états si différens peuvent être regardés comme la sanction des loix naturelles: sur le champ l'homme est récompensé du bien, ou puni du mal qu'il a fait.

§. IX. *L'ignorance source des vices & des maux de la Société.*

On demandera peut-être pourquoi des loix que la Nature rend nécessaires, que la raison dévoile, que

que tous les hommes retrouvent dans le fond de leur propre cœur, sont si mal observées ? Comment sont-elles perpétuellement violées par des êtres que la nécessité y soumet, dont les intérêts, les desirs & les besoins sont les mêmes, dont le bonheur est attaché à ces Loix. Je réponds que l'ignorance & le mensonge sont les vraies sources des maux dont nous voyons les Sociétés humaines affligées. Les hommes ne sont méchants, que parce qu'ils ignorent leurs véritables intérêts : le véritable but de leurs associations, les avantages réels qu'ils pourroient en retirer, les charmes attachés à la vertu, & même souvent en quoi consiste cette vertu. Leur ignorance se perpétue, ainsi que leur perversité, parce qu'on les trompe & sur leur vrai bonheur & sur les moyens d'y parvenir. On les trompe sur leur propre nature que l'enthousiasme & l'imposture conspirent à combattre, & dont la tyrannie voudroit étouffer la voix. On les trompe, en leur défendant de consulter ou de cultiver l'expérience & la raison, auxquelles on substitue des phantômes, des fables, des rêveries & des mysteres. On les trompe, en détournant leurs regards d'eux-mêmes & de la Société, pour les porter sur des chimeres desquelles on fait dépendre leur félicité la plus grande. On les trompe, en ce que tout conspire à les abbreuver d'erreurs, d'opinions fausses, de préjugés, de passions qui sans cesse les mettent aux prises les uns avec les autres, & leur font croire que c'est en commettant le mal, que l'on peut se rendre heureux.

Ce n'est point la Nature qui rend les hommes vains, méchants & corrompus, c'est faute de connoître, & de méditer la nature d'un être sensible, raisonnable qui a besoin de vivre en Société, que le bonheur & la vertu sont si rares sur la terre. Par une suite fatale & nécessaire de l'ignorance où sont les hommes de ce qui constitue leurs véritables intérêts, ils se trompent sans cesse, & sur les objets de leurs passions diverses, & sur les routes qui pourroient les conduire à la félicité.

§. X. *Origine de l'inégalité entre les hommes.*

La Nature a mis entre les hommes la même diversité que nous voyons régner dans ses autres ouvrages. Ils different entre eux d'une façon très marquée par les forces, soit du corps, soit de l'esprit, par les passions ou les idées qu'ils se font du bien-être, par les moyens, qu'ils prennent pour les satisfaire. Telle est la source de l'inégalité entre les hommes Cette inégalité, loin de nuire, contribue à la vie & au maintien de la Société. Si tous les hommes étoient parfaitement semblables, c'est à dire égaux en forces ou en talens, si leurs organes ou leur façon de sentir étoient les mêmes, par une suite nécessaire, tous auroient les mêmes passions ; toujours d'accord dans les discours & dans la spéculation, (puisqu'ils sentiroient & verroient de la même maniere) ils seroient perpétuellement en discorde dans la pratique, ils ne s'occuperoient qu'à se détruire, parce que tous placeroient leur bonheur dans les mêmes choses ; la Société humaine, ainsi composée de concurrents, de rivaux, d'ennemis, si elle subsistoit quelque tems, ne tarderoit pas à se dissoudre.

POUR se convaincre de cette vérité, que l'on considere ce qui arrive lorsque plusieurs individus sont épris d'une forte passion pour une même femme ou pour tout autre objet; d'accord sur cet objet, il naît entre eux une émulation très forte, & ils vont jusqu'à s'entre-détruire dans la vue de le posséder. Lorsque deux Nations rivales se proposent le même objet, l'inimitié s'allume entre elles & la guerre décide leurs démêlés. L'inégalité & la diversité qui subsistent entre les hommes, sont cause que, quoiqu'ils aient une ressemblance générale, ils ne sont presque d'accord sur rien, & que chacun tend à sa maniere vers ce qu'il croit utile à son propre bonheur. De là naît cette activité avec laquelle chaque homme cherche à cacher son infériorité, & s'efforce d'atteindre les avantages qu'il croit voir dans les autres.

CESSONS donc de supposer une prétendue égalité que l'on croit avoir originairement subsisté entre les hommes. Ils furent toujours inégaux. Ne déclamons point contre cette inégalité qui fut toujours nécessaire. Les forces du corps, l'agilité, l'organisation ont dû mettre une grande différence, une disproportion très marquée entre les individus de la même espece, de la même Société, ou, si l'on veut, de la premiere famille. Cette disproportion ne fut pas moins frappante pour les facultés que l'on nomme *intellectuelles*, c'est-à-dire pour l'énergie des passions, pour le jugement, pour la sagacité, pour l'esprit. L'homme foible, soit de corps, soit d'esprit, fut toujours forcé de reconnoître la supériorité du plus fort, du plus industrieux, du plus spirituel: le plus laborieux dut cultiver un terrein plus étendu & le rendre plus fertile, que ne put faire celui qui avoit reçu de la nature un corps plus débile. Ainsi il y eut dès l'origine, inégalité dans les propriétés & dans les possessions.

§. XI. *Remedes à cette Inégalité.*

MAIS s'il y eût des hommes plus forts que quelques autres, il n'y eut point d'hommes plus forts que tous les autres. L'homme le plus robuste, le plus hardi, le plus expérimenté, prit un ascendant nécessaire sur celui ou sur ceux qui étoient plus foibles, plus timides, plus ignorants que lui. Cet ascendant fut proportionné aux besoins que l'on eut de la force, du courage, des lumieres. Telle est l'origine de tout *pouvoir.* Il est fondé lui-même sur la faculté de faire du bien, de protéger, de guider, de procurer le bonheur: ainsi l'autorité se fonde sur la nature des hommes, sur leur inégalité, sur leurs besoins, sur le desir qu'ils ont de les satisfaire, enfin sur l'amour de leur être. L'homme plus adroit trouve pour sa conservation & pour satisfaire ses besoins, des ressources qui manquent à l'homme plus fort, mais moins spirituel que lui. Enfin l'homme d'un esprit éclairé sait compenser par son adresse & ses ressources ce qui lui manque du côté de la vigueur du corps; l'expérience, le génie, & plus souvent la ruse, triomphent de la force même & l'obligent à céder.

L'APPLICATION de ces principes suffit pour nous éclairer sur toutes les regles de notre conduite; elle nous fera sentir ce que dans la premiere de toutes les Sociétés, nous devons à ce sexe enchanteur, à cette aimable moitié de l'espece humaine que la nature destine à faire le bonheur de l'homme. Si la femme est faite pour plaire, l'homme est fait pour l'aimer: si la Nature lui refusa des forces, elle lui donna des charmes: si elle fut privée de vigueur, elle eût en partage des attraits faits pour subjuguer la force; elle fut une source de délices & de voluptés qui sont la récompense & le prix de la protection, & de la tendresse que l'homme doit lui accorder. L'union des deux sexes fait naître des enfans foibles & sans secours, qui après avoir éprouvé les soins tendres de leurs parents, leur rendront dans leur vieillesse le prix des soins accordés à leur enfance.

Tout est échange dans la Société; l'inégalité que la nature a mise entre les individus, loin d'être la source de leurs maux, est la vraie base de leur félicité. Par là les hommes sont invités & forcés à recourir les uns aux autres: à se prêter des secours mutuels. Chaque membre de la Société se voit obligé de payer par les facultés qu'il a reçues, celles dont les autres lui font part. Ainsi l'inégalité de force ou de talents oblige les hommes de mettre en commun, pour le bien de tous, ce que la nature a donné à chacun en particulier. L'homme foible de corps, mais dont l'esprit est vigoureux, guidera l'homme robuste & lui fournira les moyens de faire de ses forces, un usage utile à son bonheur.

§. XII. *De l'assistance réciproque.*

On voit donc que la premiere loi de toute Société est celle qui impose à ses membres le devoir de s'aider réciproquement: elle leur ordonne de jouir; elle leur prescrit d'être utiles aux autres; elle veut que leur bonheur particulier ne soit que le prix de celui qu'ils procurent à leurs associés. Elle prouve que des étres inégaux, soit en force, soit en talents, ont les mêmes besoins; elle leur fait sentir qu'ils ont les mêmes prétentions à une existence agréable: en un mot, tout nous montre que le bien est l'objet de leurs desirs, & le mal celui de leur aversion. Telles sont les loix primitives faites pour toute Société. Le jugement, la réflexion, l'expérience, en un mot, la raison les appliquent & les étendent aux circonstances particulieres des différentes associations & des membres qui les composent.

Quelques soient les erreurs des hommes, la bizarrerie de leurs institutions, la dépravation de leurs mœurs, l'aveuglement de leurs préjugés; toujours la raison leur montrera qu'ils se doivent quelque chose; que les devoirs sont réciproques entre des êtres de la même nature, que l'intérêt ou le besoin ont rassemblés: chacun sentira donc non seulement son cœur se révolter contre les hommes nuisibles, mais encore chacun se reprochera d'avoir contrarié lui-même le but de l'association. Tant que les hommes seront des êtres sensibles; tant qu'ils aimeront leur bien-être & craindront la douleur; l'affection, l'estime, la reconnaissance seront la récompense de la vertu.

La haine, le mépris, l'infamie, les châtiments ſuivront le crime ou le vice. Le puiſſant ſe verra donc obligé de protéger le foible ; le riche de ſecourir le pauvre ; l'homme éclairé de guider le ſimple ; l'homme raiſonnable d'aider de ſes lumieres celui qui eſt égaré par ſes paſſions. De la juſte diſtibution de ces ſecours, réſultera le bonheur de la Société.

§. XIII. *Séparation des intérêts.*

Si les hommes mettoient fidélement en maſſe les biens & les maux que la Nature leur diſpenſe, ſi chacun donnoit à ſes pareils tous les ſecours dont il eſt capable ; ſi jouiſſant lui-même, il faiſoit jouir les autres, ils ſeroient auſſi heureux, auſſi égaux qu'il leur eſt permis de l'être. Mais par une pente naturelle, chaque homme eſt bien plus occupé de ſon propre bonheur, que de celui des autres ; toutes ſes facultés tendent à ſe rendre heureux lui-même ; l'amour de ſoi, l'intérêt, les paſſions ſont les ſeuls mobiles de ſes actions, ſa propre utilité eſt le centre unique de tous ſes mouvemens. Telle eſt la premiere impulſion que la nature nous donne ; mais cette nature l'a pareillement donnée à chacun des êtres de notre eſpece ; c'eſt par une ſuite de cette impulſion que nous vivons en Société. Chacun de nous reconnoît qu'il a beſoin d'aſſiſtance pour parvenir au bien-être qu'il deſire ; il cherche donc à faire en ſorte que d'autres concourent avec lui au but qu'il ſe propoſe. Lorſque la paſſion le trouble, lorſque l'enthouſiaſme l'enivre, lorſque l'imagination le ſéduit, il oublie que ſes aſſociés ont les mêmes droits & les mêmes deſirs que lui ; il oublie qu'au lieu de mériter leur bienveillance, il ſe rend digne de leur haine, lorſqu'il leur nuit. Aveugle dans ſes projets, il emploie la force ou la ruſe pour parvenir à ſes fins particulieres. Il ſaiſit avec ardeur & ſans choix, les moyens de ſe procurer l'objet de ſes vœux; phantôme que ſa raiſon feroit ſouvent diſparoître, s'il étoit dans une poſition aſſez tranquille pour qu'elle pût guider ſa volonté: il ne voit plus que lui ſeul, & dans ſon égarement il ne ſuit que ſes impulſions aveugles; peu lui importe alors ſi c'eſt aux dépens de ceux dont les ſecours lui ſont néceſſaires, dont l'affection lui eſt utile; il eſt incapable de ſentir que les effets de leur inimitié lui feront funeſtes à lui-même. L'homme vertueux & l'homme vicieux ſont également guidés par l'amour d'eux-mêmes; l'un éclairé par la raiſon voit que pour être vraiment heureux, il doit travailler au bonheur des autres ou s'abſtenir d'y mettre obſtacle; le ſecond incapable de raiſon, ſe flatte de pouvoir par ſes propres forces & tout ſeul parvenir à ſon bien-être: dans ſon délire il eſpere jouir du bonheur au milieu de l'infortune des autres.

§. XIV. *Source du Mal Moral.*

C'EST à ces diſpoſitions de l'homme abandonné de la raiſon, que l'on doit attribuer les maux dont les ſociétés humaines ſont perpétuellement tourmentées. Telle eſt la vraie ſource du mal *moral*, qui n'eſt que l'effort de quelques individus pour chercher leur bonheur par le malheur des autres. L'homme épris d'une paſſion eſt incapable de raiſonner ſa conduite; il ne ſent pas que c'eſt lui-même qu'il ſert, lorſqu'il ſert ſes pareils; il ne voit pas qu'il s'interdit à lui-même tout droit à leurs bienfaits, à leur tendresse, à leur secours lorsqu'il leur refuse les siens; son imagination ne lui montre que l'objet de ses desirs; l'enthousiasme lui en fait des rapports infideles qu'il n'est plus en état d'apprécier. Il n'est plus pour lui d'expérience, de réflexion, de jugement; tout devient impulsion aveugle; par ce désordre la Société est troublée dans sa tendance; sa conservation est menacée. Pour repousser les maux qu'elle souffre, elle se réunit contre ceux de ses membres dont les passions lui sont nuisibles; elle leur oppose une force capable de les contenir. Cette force c'est la *Loi*, ou l'expression des volontés & des intérêts de tous, opposé aux volontés ou aux intérêts des particuliers. La Loi est la raison de la Société qui s'éleve contre la déraison de quelques-uns de ses membres, afin de les ramener au but de l'association.

Les volontés particulieres des individus sont communément violentes, précipitées, déraisonnables, parce qu'elles ont la passion pour mobile: la volonté générale est plus calme, parce que tous les individus, n'ayant point les mêmes passions, jugent sainement de celles des autres. La passion de l'avare lui fait amasser des trésors par toutes sortes de voies; il est condamné par le prodigue & le voluptueux, qu'il condamne à son tour. La passion de l'ambitieux le détermine à chercher le pouvoir aux dépens du sang & du repos de la Société; il est condamné par l'envieux dont la bile est irritée par les succès des autres. Le vicieux condamme souvent les vices dont il est lui-même l'esclave; il en craint les effets, il en connoît les dangers. Chaque individu est souvent injuste & mal faisant, parce qu'il a des passions; mais il est ordinairement juste, dès qu'il juge des passions des autres. Ainsi la loi de plusieurs êtres injustes peut devenir juste, quoiqu'elle soit le résultat ou la sentence d'êtres imparfaits & malfaisans les uns contre les autres.

§. XV. *Des Loix.*

LES loix, dans leur signification la plus étendue, sont les résultats des rapports nécessaires qui dérivent de la nature des choses. Cette définition s'étend aux loix physiques & morales. Mais qu'est-ce qui peut nous apprendre les rapports nécessaires de notre espece? Comment connoître les vrais devoirs qui lient les membres de la Société? Il n'y a, sans doute, que l'expérience méditée, en un mot, la raison qui puisse nous en instruire. Si c'est elle qui nous suggere de nous associer pour notre utilité, c'est encore elle qui nous apprend à découvrir les biens qu'il est de notre nature de desirer. Jamais elle ne nous trompe, parce qu'elle est toujours exempte de passions.

TOUTES les loix découlent de la raison ou des réflexions que nous faisons sur notre propre Nature: ainsi toutes les loix que la raison nous suggere, peuvent être appellées des loix naturelles, parce qu'elles sont fondées sur notre Nature. Toutes ont pour objet notre bien-être; toutes maintiennent une Société de laquelle dépend notre félicité particuliere; toutes nous obligent, parce que sans elles nous ne pouvons nous rendre heureux; toutes ont la même source, en ce qu'elles partent du desir du bonheur; toutes ont le même but, c'est-à-dire, le bien-être.

L'on voit donc que toutes les loix ſont les mêmes quant au principe & au but ; elles ne varient que pour l'application ou dans les moyens divers de parvenir à la même fin ; c'eſt de là que dérivent les différentes dénominations que l'on a données aux loix. Les loix dont la raiſon nous montre la conformité immédiate avec la Nature de toute l'eſpece humaine, & qui en découlent directement, ont été appellées *Loix Naturelles*. Elles nous apprennent qu'il y a tout à gagner pour nous à vivre en Société, à la maintenir, à faire jouir nos aſſociés des mêmes avantages que nous deſirons pour nous-mêmes ; elles nous prouvent que tous les individus de la même eſpece ſont enfans de la Nature comme nous ; qu'ils ont les mêmes deſirs, les mêmes beſoins, les mêmes répugnances que nous ; que ce qui nous plait, doit leur plaire, que ce qui nuit à notre bonheur, doit exciter leur averſion.

L'homme, dans quelque poſition qu'il ſe trouve, eſt, à parler exactement, toujours dans l'état de Nature. Cet état ne peut ceſſer dans la Société. N'eſt-ce pas un ſentiment naturel développé par la raiſon & fortifié par l'habitude qui rend l'homme ſociable ? Ne ſont-ce pas ſes beſoins naturels qui lui rendent la Société néceſſaire ? L'homme gouverné par un Roi eſt autant dans l'état de Nature, que le ſauvage qui erre dans les forêts. Quelque choſe qu'il faſſe, quelqu'inſtitution qu'il adopte, quelque moyen qu'il imagine pour améliorer ſon ſort, il ne peut jamais ſortir de ſa nature ; il eſt toujours ſous ſes loix ; il eſt toujours également forcé de les ſuivre ; il tend inceſſamment vers le but qu'elle lui propoſe.

§. XVI. *Loix Civiles ou Positives.*

LORSQUE les Loix de la Nature sont appliquées aux intérêts, aux circonstances, aux besoins d'une Société particuliere, on leur donne le nom de *Loix Civiles.* Alors elles fixent les devoirs & les droits des membres de cette Société. Les Loix Civiles peuvent donc à certains égards être regardées comme des Loix Naturelles. Pour être justes & raisonnables, elles doivent être fondées sur la Nature des hommes, sur le desir du bonheur & sur leur répugnance pour ce qui leur est nuisible, quelque soit la forme qu'ils donnent à leur société. La seule différence vient de ce que les Loix qu'on appelle *Naturelles* par excellence, sont, comme on a vu, immédiatement fondées sur notre Nature & nécessaire à toute l'espece; tandis que les Loix Civiles, que l'on appelle aussi *Loix positives*, sont l'ouvrage de la Société ou de ceux à qui elle confie le soin de régler les volontés de ses membres. Elles sont l'application des Loix de notre Nature à des circonstances momentanées.

LES Loix naturelles sont éternelles & invariables ou faites pour durer autant que la race humaine; mais leur application, faite par la Loi civile, doit varier avec les circonstances & les besoins de la Société. Les sociétés, ainsi que tous les corps de la Nature, sont sujettes à des vicissitudes, à des changemens, à des révolutions; elles se forment, s'accroissent & se dissolvent comme tous les êtres. Les mêmes Loix ne peuvent leur convenir dans ces différents états: utiles dans un tems, elles deviennent inutiles & nuisibles dans un autre. C'eſt alors à la raiſon publique qu'il appartient de les changer ou de les abroger pour le bien de la Société, qui doit être l'objet invariable de ces Loix.

§. XVII. *Les Loix doivent procurer l'utilité générale.*

QUELQUES ſoient ces Loix; quelques ſoient les circonſtances qui les faſſent naître, il faut qu'elles aient l'utilité préſente pour baſe, & qu'elles rendent heureux le plus grand nombre des individus. Toutes les Loix qui n'ont point ces caracteres ſont déſavouées par la raiſon; elles ne ſont point faites pour obliger des êtres raiſonnables; elles ne peuvent conférer de droits; elles ſont des effets de la tyrannie & d'une violence à laquelle la Société peut toujours s'oppoſer.

UNE Loi eſt injuſte, dès qu'elle n'a pour objet que l'utilité d'un ſeul ou d'un petit nombre, & dès qu'elle eſt nuiſible au reſte de la Société. Une Loi eſt injuſte, lorſqu'elle tend à relâcher ou a détruire les liens d'une ſociété qu'elle eſt faite pour maintenir. Une Loi eſt injuſte, dès qu'elle eſt en contradiction avec les Loix de la Nature qui, étant eſſentielles & néceſſaires à l'homme, ne peuvent être ni affoiblies ni abrogées. Une Loi eſt injuſte, lorſqu'elle n'a pour fondement que la force, l'intérêt, le caprice de ceux qui l'impoſent contre le gré de la Société. Une Loi eſt injuſte, lorſqu'elle nuit à la Société, quand même elle s'y ſeroit ſoumiſe de plein gré, parce que la Société ne peut conſentir à ce qui contrarie ſa nature & ſon but. Une Loi eſt injuſte, lorſqu'elle trouble les citoyens dans leur propriété, dans l'ufage de leur liberté, en un mot, dans leur fûreté perfonnelle; objets pour lefquels ils fe font affociés & dont le maintien doit être le but de toute légiflation.

§. XVIII. *Droit des gens.*

Les Loix des Nations, qui conftituent ce qu'on appelle *le droit des gens*, ne font que les loix naturelles appliquées aux différentes fociétés dans lefquelles le genre humain s'eft partagé. En effet, dira-t-on que les Nations indépendantes les unes des autres n'ont aucuns liens communs qui les uniffent, aucuns befoins qui les rendent néceffaires les unes aux autres? Comme les Rois font fans juges; comme ils ne font foumis à aucun tribunal; comme c'eft ordinairement la force feule qui décide leurs démêlés, on a confondu le fait avec le droit; l'on a cru que des êtres, que rien ne pouvoit contraindre, devoient avoir un code à part & de pure convention. D'après ces faux principes, l'on eut toujours beaucoup de peine à fixer les regles qui devoient les guider dans leur conduite refpective. Néanmoins pour peu que l'on y faffe attention, l'on fentira combien les conféquences de ces principes doivent produire de maux. Les Nations doivent être regardées comme des individus qui fe maintiennent dans la grande Société du monde par les mêmes loix que les individus dans chaque fociété particuliere. Il eft vrai que les Loix Civiles ou Pofitives qui lient une fociété, ne s'étendent point à une autre. Il n'en eft pas de même des Loix générales faites pour lier toute l'efpece humaine; celles-ci ne connoiffent ni les bornes phyfiques, ni les bornes politiques que les conventions des hommes ont mifes aux différents Etats.

§. XIX. *Devoirs réciproques des Nations.*

AINSI les Nations sont toujours soumises aux Loix Naturelles : il ne leur est pas plus permis de se nuire, de se détruire, de se priver des avantages dont elles jouissent, qu'il ne l'est à un membre d'une société particuliere de nuire à un autre Citoyen. Une Nation doit à une autre Nation, ce qu'un homme doit à un autre homme ; elle lui doit la justice, la bonne foi, l'humanité, les secours, parce qu'elle desire ces choses pour elle-même. Une Nation doit respecter la liberté & la propriété d'une autre Nation. Enfin, de même que les individus renoncent à une portion de leur indépendance, en faveur des avantages qu'ils reçoivent de la Société, une Nation doit faire céder une partie de ses droits, au droit de toutes les autres Nations prises collectivement. Si une société peut tout faire pour se conserver ; une autre société doit jouir du même droit.

LA *balance du pouvoir* entre les différentes puissances est la volonté générale qui les oblige à observer les loix de l'équité. Cette balance ou cette force est pour tous les Etats, ce que le gouvernement est pour un Etat particulier ; comme lui cette balance peut devenir infidelle. La force ne donne des droits, que lorsqu'elle est fondée sur la justice. La grande société à droit de maintenir chaque société particuliere dans la jouissance des avantages qui lui appartiennent. Si la justice est nécessaire à tous les habitans de ce monde, il existe une justice pour les Nations comme pour les individus, & c'est elle qui constitue leur Loi suprême.

CETTE Loi n'eſt point toujours exprimée, mais la raiſon en fait ſentir la néceſſité à tous les Peuples. Chaque ſociété peut être injuſte en ſon particulier, mais toutes deſirent la juſtice & le maintien de l'ordre. Les forces réunies de toutes les ſociétés pourroient faire exécuter la Loi ou la volonté de toutes; mais rien n'eſt plus difficile que la réunion de ces forces & de ces volontés que l'intérêt, la ſéduction ou la ruſe parviennent preſque toujours à diviſer.

§. XX. *Erreurs en Politique.*

C'EST donc ſans fondement que l'on a diſtingué les devoirs des Peuples en corps, de ceux qui obligent les individus de l'eſpece humaine: l'état de violence, de diſcorde, & de guerre dans lequel la plupart des Sociétés ſont preſque continuellement les unes avec les autres, a, ſans doute, fait prendre le change ſur cette importante queſtion; il a fait naître les maximes d'un commerce de violence & de perfidie que l'on a qualifié de *Politique*. L'on a cru que des êtres qu'aucun pouvoir ne pouvoit forcer de ſe ſoumettre à la raiſon, étoient des êtres différents de tous les autres. Comme on ne voyoit point de peines & de récompenſes qui puſſent arrêter les paſſions des Sociétés particulieres, ces puiſſants individus de la grande Société du monde, on s'eſt figuré qu'il n'y avoit pour elles que les loix qu'elles-mêmes conſentoient à s'impoſer. Mais un Peuple qui en attaque un autre, ſans avoir pour motif ſa propre ſûreté; un Peuple qui n'a pour objet que d'en priver un autre des avantages que la Nature ou l'induſtrie lui procurent;

rent: un Peuple qui ne cherche qu'à satisfaire son avarice, son ambition, en un mot, ses intérêts particuliers, differe-t-il en quelque chose du voleur qui, dans une société particuliere, attaque son semblable, lui ravit son bien? Un Peuple qui veut jouir, exclusivement à tous les autres, des avantages nécessaires à tous, n'est-il pas un Tyran? Une Nation qui refuse à une autre ce qui est d'une nécessité indispensable à sa conservation, ne mérite-t-elle pas qu'on le lui arrache de vive force? Ne ressemble-t-elle pas alors à un homme farouche & inhumain qui refuseroit à un de ses concitoyens les secours les plus nécessaires, sous prétexte qu'il ne lui doit rien? Une Nation qui veut mettre les autres dans sa dépendence, ne mérite-t-elle pas d'être réprimée comme un Citoyen qui attenteroit à la liberté d'un autre? Un Souverain dont l'ambition a été souvent nuisible, ne mérite-t-il pas d'être affoibli, abaissé, en un mot, d'être privé du pouvoir de nuire? Un Peuple qui détruit l'ordre ou l'équilibre que toutes les Nations desirent d'établir entre elles, comme le gage de leur sûreté, comme le remede à l'inégalité que la Nature a mise entre leurs forces, ne doit-il pas être regardé comme un furieux par les Peuples qui l'entourent? Un Souverain qui viole des engagements solemnels approuvés & garantis par les Etats intéressés à la tranquillité publique, ne peut-il point être puni de la même maniere que le Citoyen infidele, parjure & turbulent dans la Société particuliere? Dans toutes ces circonstances la Nature autorise le peuple attaqué, opprimé, ou rejetté, à prendre tous les moyens de se conserver, de se maintenir dans ses avantages, de se procurer ceux qui lui sont nécessaires, de repousser l'oppresseur injufte, & de le faire rentrer dans fa nature d'être fociable, dont fon injuftice, fa fureur, fon avarice, fon infociabilité l'avoient tiré? Bien plus, il peut le détruire, fi fans celà il lui eft impoffible de fe conferver lui-même: c'eft alors l'homme qui combat une bête féroce. Telles font les fondements du droit de la guerre.

§. XXI. *Sanction des Loix univerfelles.*

QUANT aux peines que les loix de la Nature décernent contre les Sociétés que leurs paffions portent à des crimes, elles font auffi terribles qu'affûrées: elles paient par l'épuifement de leurs forces, de leur fang, de leurs tréfors, leurs entreprifes infenfées; fouvent leur propre deftruction fuit leurs exploits les plus éclatants. D'un autre côté l'abondance, la profpérité, la paix font les récompenfes des Sociétés heureufes qui vivent avec les autres dans la tranquillité & dans l'union qui conviennent à des êtres Sociables. Gardons-nous donc de croire qu'il n'y ait point de regles communes pour les Nations; elles font fondées fur une nature qui commande en fouveraine à tous les hommes, ainfi qu'à toutes les Sociétés qu'ils ont formées; elle attache des récompenfes à l'obfervation de ces regles, & des châtiments effrayants puniffent le mépris qu'on leur montre.

IL ne faut point confondre ces loix irrévocables avec les conventions réciproques faites entre les Nations, par lefquelles elles font convenues de mettre des bornes à leurs propres fureurs, même dans le tems où leurs paffions font dans la plus vive effervefcence. Ces conventions nous prouvent que les Sociétés les plus injustes, au milieu même de leurs excès sont forcées de reconnoître quelquefois l'empire de la Nature, de l'humanité, de la raison.

En un mot, les loix naturelles en tout tems & en toutes circonstances sont faites pour régler nos actions. Elles sont notre force, notre guide, notre soutien. Elles sont notre sûreté, notre bonheur & nos plaisirs. Elles nous lient les mains pour nous empêcher de nuire à nous-mêmes & aux autres; elles nous ordonnent de nous rendre utiles & agréables aux êtres avec qui nous vivons. Ceux qui méconnoissent ces loix, en sont punis par la haine, le mépris & l'indignation de leurs semblables; ceux qui s'y soumettent, trouvent leur récompense assûrée dans l'estime, dans l'ordre, & dans la paix dont ils jouissent eux-mêmes. Les hommes seront heureux, lorsque leur raison leur permettra de consulter un code que sa simplicité leur rend intelligible, & que son utilité devroit sans cesse leur tenir sous les yeux.

§. XXII. *Du Droit.*

Toutes les loix, soit naturelles soit civiles, permettent quelques actions & en défendent d'autres. La permission qu'elles donnent confere des droits. Ainsi le *Droit* est toute faculté dont l'exercice est approuvé par les loix de la Nature & de la Société. Les Droits que la Nature confere, sont éternels & inaliénables; ceux que la Société accorde peuvent-être variables, passagers, conformes à ses circonstances; ils ne sont fixes & durables, que lorsqu'ils sont conformes à l'équité qui ne peut varier.

L'HOMME isolé, ou si l'on veut, dans l'état de Nature, auroit des droits sur tout ce que ses facultés peuvent lui procurer; dans l'état de Société, l'exercice illimité de ses droits deviendroit aussi funeste à lui-même qu'à ses associés; cet exercice doit être subordonné aux besoins de la Société, à ses circonstances, en un mot, au bien de tous. Ce qui nuit à l'association, nuit aux associés, & n'est plus un droit, c'est un abus.

§. XXIII. *Ce qui rend les Droits justes.*

LES actions conformes à notre nature, c'est-à-dire, celles que les loix naturelles ordonnent ou permettent, sont justes; les actions contraires à notre nature, ou que les Loix Naturelles défendent, sont injustes. Ainsi, tout ce que les loix de notre nature permettent, est juste & légitime; tout ce qu'elles défendent est injuste & illégitime. Pour qu'une loi soit juste, il faut donc qu'elle soit conforme à la Nature; elle devient injuste, dès qu'elle la contredit. La Société n'a le droit que d'appliquer les loix de la Nature à ses besoins actuels, ou de les étendre aux circonstances particulieres dans lesquelles elle se trouve; jamais elle ne peut y déroger ou les détruire; vû qu'alors elle travailleroit à sa propre ruine.

§. XXIV. *De ce qui est licite ou illicite.*

CONCLUONS de ces principes qu'il ne peut y avoir de Droits légitimes que ceux qui sont fondés sur la nature, la justice, l'utilité, l'intérêt véritable de la Société: ni la force, ni la ruse, ni la possession, ni l'exemple, ni le tems, ni le silence des hommes ne peuvent conférer irrévocablement le droit d'agir d'une maniere opposée à l'essence & au but de la Société; elle ne peut jamais perdre le droit de s'opposer à ce qui lui déplait, de révoquer ce que l'imprudence lui a fait accorder, de faire cesser le mal que sa foiblesse a pu la forcer d'endurer. D'un autre côté, il suit encore qu'une action, quoique défendue par la loi civile, peut être juste, lorsqu'elle est conforme à la Loi Naturelle. Alors, quoique juste, elle devient *illicite*. Pareillement une action est injuste, lorsque défendue par la Loi Naturelle, elle est ordonnée ou permise par la Loi Civile; dans ce cas, quoiqu'injuste, elle devient pourtant *licite*; l'injustice est du côté du législateur qui viole une loi antérieure à toute autorité humaine, & à laquelle la volonté de la Société même n'a jamais le droit de se soustraire.

On trouvera peut-être que les conséquences de ces principes sont dangereuses dans la pratique, en ce qu'elles tendent à troubler l'ordre, & autorisent l'homme à réclamer contre la loi civile qui très souvent lui interdit l'usage de ce que la Nature lui permet ou lui ordonne, & lui permet ou lui ordonne ce que la nature défend. Je réponds que cette difficulté n'est faite que pour effrayer des hommes que l'opinion, l'habitude & le préjugé soumettent à des institutions vicieuses. Rien de plus commun que de voir les Loix Civiles en contradiction avec celles de la Nature ou de l'équité. Ces loix dépravées sont dûes soit à la perversité des mœurs, soit aux erreurs des Sociétés, soit à la tyrannie qui force la Nature de plier ſous ſon autorité: c'eſt alors l'intérêt du Légiſlateur qui fait taire la Nature; mais l'intérêt des Sujets ſe venge par des infractions multipliées, du joug qu'on leur impoſe, toutes les fois qu'ils peuvent le faire impunément.

§. XXV. *De la Propriété.*

Les hommes en s'aſſociant pour ſe mettre à portée de recevoir des ſecours, ont voulu, non ſeulement aſſûrer leurs perſonnes, mais encore la poſſeſſion des choſes néceſſaires à leur conſervation & à leur bien-être. La liberté aſſûre & la perſonne & les moyens de la conſerver; ainſi la liberté eſt la faculté d'employer toutes les voies que l'on juge propres à conduire à ſon bonheur ſans nuire à celui des autres.

Mais il eſt impoſſible que l'homme ſe conſerve ou rende ſon exiſtence heureuſe, s'il ne jouit des avantages que ſes ſoins & ſa perſonne lui ont acquis. Ainſi les loix de la Nature donnent à chaque homme, un droit que l'on appelle *propriété*, qui n'eſt que la faculté de jouir excluſivement des choſes que le talent, le travail & l'induſtrie procurent; ce droit eſt juſte & le ſentiment qui en aſſûre la poſſeſſion s'appelle *Juſtice*. Troubler un homme dans ſa liberté & dans ſa propriété, c'eſt lui ôter les moyens de ſe conſerver & l'empêcher d'être heureux; la loi de ſa nature l'autoriſe à tout faire pour remplir ces objets; la Société doit l'en faire jouir; elle ceſſeroit d'avoir des avantages pour lui, ſi elle violoit la juſtice à ſon égard; elle ne peut lui ravir, ſa liberté, que lorſquelle devient nuiſible aux autres; elle ne peut le priver de ſa propriété, parce qu'elle eſt faite pour l'aſſûrer.

§. XXVI. *Elle est nécessaire.*

La propriété a pour base un rapport nécessaire qui s'établit entre l'homme & le fruit de son travail. Si la terre produisoit sans peine de notre part, tout ce qui est nécessaire au maintien de notre existence, la propriété seroit inutile. L'air & l'eau ne peuvent être soumis à la propriété; ces éléments sont faits pour rester en commun. Il n'en est point de même de la terre, elle ne produit qu'en raison des soins & des peines qu'on se donne pour la cultiver: mais ces soins sont inégaux, ils suivent l'inégalité que la Nature, comme on a vu, met entre les forces, l'adresse & les ressources que les individus trouvent en eux-mêmes. Ainsi la propriété doit être distincte pour toutes les choses dont le genre humain ne peut jouir en commun, ou qui exigent des forces, des travaux, des talents; avantages incommunicables ou bien que la Nature donne en propre à chaque individu. Si ces avantages appartiennent exclusivement à celui qui les possède, il en est de même des objets que ces avantages procurent; ainsi un champ devient, en quelque façon, une portion de celui qui le cultive, parce que c'est sa volonté, ce sont ses bras, ses forces, son industrie, en un mot, ce sont des qualités propres à lui, individuelles, inhérentes à sa personne qui ont rendu ce champ ce qu'il est. Ce champ, arrosé de sa sueur, s'identifie, pour ainsi dire avec lui; les fruits qu'il produit lui appartiennent, de même que ses membres & ses facultés, parce que sans son travail ces fruits, ou n'existeroient point, ou du moins n'existeroient pas tels qu'ils sont

On voit donc que la propriété est fondée sur

la Nature Humaine; mais elle eſt inégale, par ce que la Nature a fait les hommes inégaux. La propriété doit être diſtincte, parce que chaque individu eſt diſtingué d'un autre. Telle eſt la vraie ſource du *Tien & du mien.* Il eſt impoſſible en effet que j'aie idée de ma propriété ſans l'avoir de celle d'un autre: ſi mon travail & mes facultés m'ont rendu propriétaire du champ que je cultive, je ſuis forcé de reconnoître que le travail & les facultés d'un autre lui ont donné la propriété du champ qu'il cultive pareillement.

§. XXVII. *De la Communauté des biens.*

QUELQUES Moraliſtes, touchés des maux ſans nombre que la diſtinction des propriétés fait naître parmi les hommes, ont voulu la proſcrire; ils ont cru qu'on rétabliroit l'union & la paix entre eux en faiſant diſparoître une pomme de discorde qui troubloit ſans ceſſe leur félicité: ils ſe ſont imaginés, que la communauté des biens ôteroit aux mortels tout prétexte de ſe nuire. Mais ces ſpéculations n'ont point été ſuffiſamment réfléchies; l'inégalité naturelle des hommes rend impoſſible l'égalité de leurs poſſeſſions Vainement tenteroit-on de rendre toutes choſes communes entre des êtres inégaux pour la force, pour l'eſprit, pour l'induſtrie, pour l'activité. La Société la plus ſagement ordonnée ne peut ſe propoſer que d'empêcher ſes membres de faire les uns contre les autres, un uſage dangereux de l'inégalité de leurs forces & de leurs propriétés. Voilà le but de tout bon gouvernement: voilà le plan de toute légiſlation équitable: voilà l'effet de la liberté, ſans laquelle la propriété n'eſt jamais bien aſſurée.

§. XXVIII. *Dangers de l'oisiveté.*

L'on ne peut disconvenir que la propriété ne soit une source de divisions. Chaque homme se préfere à tous les autres; lorsque cet amour de soi n'est point guidé par la Loi, l'homme, comme on l'a remarqué, perd de vue ses semblables, il oublie qu'il doit, pour son propre intérêt, laisser jouir les autres, afin de jouir plus sûrement lui-même. Aveuglé par la passion exclusive qui lui montre un avantage imaginaire ou passager, non seulement il veut se procurer une existence agréable, mais encore il veut l'obtenir avec le moins de peine qu'il est possible. Tout travail est une peine; toute peine est une façon d'exister désagréable, dont l'homme, par conséquent, désire la cessation. Cette aversion pour le travail & la peine est ce qu'on nomme *Paresse*; c'est une disposition naturelle à tous les hommes. Cet amour de l'inertie, ce desir de jouir sans travailler, fait naître dans toutes les Sociétés un combat continuel entre les membres; chacun veut être heureux, mais sans y mettre du sien; chacun aime mieux profiter du travail des autres; chacun veut faire contribuer les autres à son bonheur particulier. Lorsque la volonté publique, ou la Loi cesse de maintenir l'équilibre entre les différens membres de la Société, la paresse des uns aidée de la force, de la ruse, de la séduction, parvient à s'approprier le fruit du travail des autres.

C'est de cette disposition que découlent la plupart des maux des Sociétés humaines. Les Princes, les Riches & les Grands ne semblent occupés que des moyens d'envahir les fruits du travail des autres. Membres trop ſouvent inutiles ou nuiſibles de la Société, ils s'emparent, ſoit de gré, ſoit de force, des avantages que la Nature ou l'induſtrie rendent propres à leurs Concitoyens : ils anéantiſſent leur liberté ; ils violentent leurs perſonnes ; ils uſurpent leurs poſſeſſions ; ils prétendent avoir acquis le droit inconteſtable d'être injuſtes, lorſque leur oppreſſion a long-tems continué, lorſque l'ignorance, les préjugés, la foibleſſe, l'inertie ont empêché les ſujets de réſiſter ou de ſe plaindre. Voilà comme la propriété eſt ſans ceſſe violée. La plupart des peuples de la terre ſont forcés de prodiguer leur ſueur, leur ſang & leurs tréſors à des ingrats qui ſe perſuadent que le ciel a voulu que leurs ſemblables travaillaſſent pour eux & ſerviſſent à entretenir l'orgueil, le faſte & la pareſſe de ceux qu'ils ont eux-mêmes choiſis pour les guider, les défendre & les rendre heureux.

§. XXIX. *De la Juſtice.*

La pareſſe & les paſſions des hommes leur font méconnoître la juſtice qui, fondée ſur le ſentiment que nous avons de la propriété des autres, nous empêche de nous prévaloir de nos forces pour les priver des avantages que la Nature ou l'induſtrie leur procurent. La Juſtice eſt donc la vertu qui maintient les droits des hommes. Elle s'étend non ſeulement aux membres d'une même ſociété, mais encore elle eſt la baſe de la ſûreté réciproque des Nations ou des Sociétés indépendantes les unes des autres. Un peuple doit la juſtice à un peuple dans la grande Société humaine, par la même raiſon qu'un citoyen doit la justice à son concitoyen dans une société particuliere. La propriété d'une Nation est fondée sur les mêmes titres, que celle du Citoyen d'un Etat.

§. XXX. *Des peines & des récompenses.*

NON seulement la justice fait jouir les membres de la Société des avantages que la Nature & leur industrie leur procurent, mais encore, par une distribution prudente & impartiale des *récompenses*, elle fait naître en eux des motifs qui les déterminent à se rendre utiles les uns aux autres. Elle se sert de leur tendance particuliere, de l'amour qu'ils ont pour eux-mêmes, en un mot, de l'intérêt personnel qui les anime, pour les faire concourir au bien général, qu'elle confond avec le leur. Ce n'est que de ce concours que peut résulter la puissance, la sûreté & la prospérité d'une Société. C'est le but que tout gouvernement doit se proposer.

D'UN autre côté, cette même justice effraie par des châtiments ou par des Loix *pénales*, ceux à qui leurs passions pourroient faire méconnoître le but de l'association. Ces passions sont alors obligées de céder à une crainte salutaire; passion plus forte, qui devient un motif capable de déterminer les volontés, à s'abstenir du mal & à concourir au bonheur général qu'elles ne troubleroient point impunément. Par là les hommes vicieux sont forcés de coopérer à un plan dont leur intérêt aveugle les empêche de sentir l'utilité pour eux-mêmes.

§. XXXI. *De leur véritable mesure.*

L'UTILITÉ & le dommage qu'éprouve la Société doivent être la mesure de ses récompenses & de ses châtiments. Des Loix fondées sur cette regle sont équitables, & leur observation tend au bonheur & à la tranquillité de la Société. La proportion suivant laquelle ces choses sont distribuées est le signe indubitable de sa sagesse & de sa prospérité. D'après ce principe, on peut établir une regle sûre pour juger de l'état d'une Nation & de la bonté de ses institutions : elle sera heureuse toutes les fois que les récompenses seront invariablement le partage des membres les plus utiles à la chose publique. Telle est la source naturelle, légitime, raisonnable des rangs, des honneurs, des distinctions que nous voyons établis parmi les hommes. Une Nation est injuste, & devient malheureuse, toutes les fois que les passions, les préjugés le caprice décideront des récompenses, ou lorsqu'elles seront ôtées à l'utilité ; enfin elle sera parvenue au comble de la corruption & de la misere, lorsque l'utilité sera punie ou négligée, & lorsque l'inutilité, le vice & le crime seront impunis, considérés, récompensés.

§. XXXII. *Inégalité introduite par la Société.*

L'ON voit donc que la Société, de même que la Nature, établit une inégalité nécessaire & légitime entre ses membres. Cette inégalité est juste, parce qu'elle est fondée sur le but invariable de la Société, je veux dire sur sa conservation & son bonheur. Elle doit évidemment son amour, ses bienfaits, son estime, ses récompenses à ses membres, à proportion des avantages qu'elle en retire: elle doit son mépris, sa haine, ses châtiments à ceux qui lui sont inutiles ou nuisibles. Les récompenses, pour être justes, doivent se régler sur les besoins de la Société, sur la grandeur des biens que ses membres lui procurent: telle est la regle qui doit invariablement décider de son amour & de sa conduite à son égard. Mais la Société, ou ceux qui la représentent, de même que chacun de ses membres, peut être agitée par des passions, aveuglée par des préjugés, en un mot, dépourvue de raison: alors dans ses affections, dans ses haînes, dans ses usages, ses institutions & ses Loix, elle perd souvent de vue, la juste mesure de ses sentiments; elle est pour lors dans un délire qui lui fait estimer & récompenser ses membres les plus inutiles & les plus nuisibles, mépriser ou persécuter ceux qu'elle chériroit, si ses passions lui permettoient d'être équitable & de connoître ses vrais intérêts. Cet aveuglement est une source féconde d'injustices & de maux qui tendent à briser les liens de la Société & à la rendre incommode à ses membres.

§. XXXIII. *Des Vertus Sociales.*

QU'EST-CE que l'utilité de la Société, si non la Vertu? S'abstenir de faire du mal; ne priver personnes des avantages dont il jouit, rendre à chacun ce qui lui est dû; faire du bien; contribuer au bonheur des autres; leur prêter des secours, c'est être vertueux. La vertu ne peut être que ce qui contribue à l'utilité, au bonheur, à la sûreté de la Société.

La premiere des Vertus Sociales est l'Humanité. Elle est l'abrégé de toutes les autres. Prise dans sa plus grande étendue, elle est ce sentiment qui donne à tous les êtres de notre espece des droits sur notre cœur. Fondée sur une sensibilité cultivée, elle nous dispose à leur faire tout le bien dont nos facultés nous rendent capables. Ses effets sont l'amour, la bienfaisance, la libéralité, l'indulgence, la pitié pour nos semblables. Lorsque cette vertu se renferme dans les bornes de la Société où nous vivons, ses effets sont l'amour de la Patrie, l'amour paternel, la pitié filiale, la tendresse conjugale, l'amitié, l'affection pour nos proches & nos concitoyens.

La Force doit être regardée comme une vertu : c'est elle qui défend la Société ou lui procure la sûreté. Ses effets sont l'activité, la grandeur d'ame, le courage, la patience, la modération, la tempérance. On doit mettre l'activité au rang des vertus sociales, parce que les vertus qui ont pour objet le bien de la Société doivent être agissantes & non oiseuses, comme les vertus factices & chimériques introduites par l'imposture, qui souvent fait un mérite d'être inutiles aux autres. L'oisiveté est un vice réel dans toute association. La Société ne peut nous savoir gré, que des actions qui lui sont avantageuses ; ce sont les seules qui méritent son estime, son approbation, & sa reconnoissance.

La Justice est la vraie base de toutes les vertus sociales. C'est elle qui tenant la balance entre les membres de la Société, la maintient dans l'équilibre ; c'est elle, comme on a vu, qui remédie aux maux qui pourroient résulter de l'inégalité que la Nature a mise entre les hommes ;

elle la fait servir elle-même au bien général : c'est elle qui assure aux individus leurs droits, leurs possessions, leurs propriétés, leur personne, leur liberté, & les met à couvert des entreprises de la force & des embûches de la ruse. C'est elle qui les oblige à la bonne foi, à la fidélité dans leurs engagements, & qui bannit du commerce le mensonge, la fraude, la surprise : enfin c'est la Justice qui par des Loix équitables & par une sage distribution des récompenses & des peines, excite à la vertu, réprime le vice & ramene à la raison, ceux qui seroient tentés d'acheter leur bien-être momentané par l'infortune de leurs semblables.

§. XXXIV. *Sont nécessaires.*

TELLES sont les dispositions que la Société doit exiger de ses membres ; tout nous en montre l'utilité. Elles sont nécessaires & invariables, parce qu'elles sont fondées sur notre nature & sur les besoins constants de notre espece ; l'expérience nous prouve qu'à mesure que leurs liens se relâchent, les Nations deviennent plus malheureuses : lorsqu'ils se rompent, la dissolution de la Société en est la suite inévitable. En un mot, tout nous prouve que sans justice, nulle société ne pourroit subsister. Le gouvernement & la législation ne doivent avoir pour objet que de la faire observer ; dès qu'ils perdent de vue cet objet important, ou dès qu'ils s'écartent eux-mêmes de l'équité, la Société ne rassemble plus que des êtres en discorde, dont les intérêts se séparent & qui ne semblent rapprochés que pour se nuire : c'est alors que l'état de Société devient souvent plus désagréable que l'état sauvage. Il est plus avantageux de vivre seul, que de vivre entouré d'êtres injustes & perpétuellement occupés à se disputer & s'arracher les bienfaits de la Nature.

§. XXXV. *Objet du Gouvernement.*

Le bonheur de la Société eſt la fin de tout Gouvernement. C'eſt pour être plus tranquilles & plus heureux; c'eſt pour jouir paiſiblement du fruit de leurs travaux; c'eſt pour être protégés contre les vices du dedans & les entrepriſes du dehors, que les hommes réunis conſentent à dépendre d'une volonté puiſſante qui repréſente les volontés de tous. Quelque ſoit la forme qu'une Nation ſoit convenue de donner à l'autorité qu'elle mit au-deſſus de ſa tête; quelque ſoit l'étendue qu'elle lui ait accordée, elle ne put ni ne voulut jamais lui conférer le droit d'être injuſte, de la rendre miſérable; elle n'eut jamais le deſſein de détériorer ſon ſort. Raſſemblés eux-mêmes par les beſoins de leur nature, par le deſir du bonheur, pour obtenir des ſécours, dira-t-on que les hommes voulurent dépendre d'une force qui les privât des avantages néceſſaires à leur être? La Société voulut-elle que le lien commun qui rapprochoit ſes parties, devînt l'inſtrument fatal de ſa diſſolution? Gardons-nous de le croire. Si, dans le délire du préjugé, de l'ignorance ou de l'enthouſiaſme, une Société fut aſſez aveugle pour renoncer à ſes droits; ſi, ſubjuguée par la force, une violence momentanée lui arracha les titres inaliénables de ſa nature, ne croyons point qu'elle ait perdu le droit de ſe plaindre, de ſe défendre, de réclamer contre une uſurpation à laquelle tout lui défend d'acquieſcer. Les droits de la Société ſont par leur nature éternels & inaliénables, ceux de la violence ne peuvent jamais devenir des droits ſacrés.

§. XXXVI.

§. XXXVI. *Source de l'autorité.*

LORSQUE, guidés par le flambeau de la raison, nous remonterons aux vraies sources de l'autorité, nous demeurerons convaincus que la justice est sa vraie base; que la réunion des intérêts fait sa force; que le bonheur des hommes est le but dont le gouvernement ne doit jamais s'écarter, & que ce bonheur ne peut exister sans vertu. Nul homme ne renonce gratuitement à son indépendance naturelle; nous ne consentons à nous soumettre aux volontés des autres, que dans l'espoir d'un plus grand bien qu'il n'en résulteroit pour nous en suivant nos propres volontés. Le citoyen n'obéit à loi, à la volonté publique, à l'autorité souveraine, que parce qu'il espere qu'elles le guideront plus sûrement vers le bonheur durable, que ses volontés particulieres & ses fantaisies qui l'en écartent très souvent. L'autorité d'un Pere sur ses enfans n'a d'autre fondement, & l'obéissance de ceux-ci n'a d'autre motif, que le bien qui doit en résulter pour eux. L'autorité du Citoyen opulent & puissant est reconnue du pauvre, parce que celui-ci attend de lui de la protection & des secours. L'autorité de la Société est fondée sur les avantages qu'elle procure à ses membres. Enfin l'autorité de ceux qui gouvernent les peuples, ne se fonde que sur les biens que leurs talents, leurs soins & leurs vertus répandent sur les Nations.

Sommaire du Second Discours.

DU
GOUVERNEMENT.

§. I. *Ce que c'eſt que gouverner.*

GOUVERNER, c'eſt obliger les membres d'une Société à remplir fidélement les conditions du Pacte Social. C'eſt les inviter ou les forcer à concourir au bien public ou à montrer des vertus. Si les hommes avoient été raiſonnables, ils n'auroient pas eu beſoin de ſe ſoumettre à l'autorité: content de jouir lui-même, chacun auroit laiſſé jouir les autres; la réflexion lui auroit montré que le bien-être de chaque individu étroitement lié à celui de ſes ſemblables, ne peut ſans danger en être ſéparé: chacun auroit donc rendu fidélement à ſes pareils, les ſecours qu'il en auroit reçus, ou qu'il avoit lieu d'en attendre. Auſſi heureux que ſa nature le comportoit, il n'auroit point voulu tourner contre les autres, les avantages du corps & de l'eſprit qui lui donnoient de la ſupériorité ſur eux: rien ne l'auroit obligé à mettre des bornes à l'uſage de ſes facultés. L'homme ſeroit demeuré libre, parce qu'il n'auroit été ſoumis qu'aux loix de ſa nature; ſa perſonne &

ses biens auroient été en sûreté, parce que personne n'auroit songé à les envahir. Le foible n'auroit point eu besoin de la protection du fort. L'homme instruit auroit mis de plein gré en commun ses lumieres & ses talens. En un mot, rien n'auroit déterminé des êtres bienfaisants & heureux à se priver gratuitement de leur indépendance dont aucun d'entre eux n'auroit été tenté d'abuser.

MAIS les hommes naissent avec des passions; les unes retenues ou dirigées par la raison, c'est-à-dire, par un intérêt éclairé, deviennent utiles; les autres, guidées par l'intérêt aveugle, par l'imagination, par l'ignorance, par l'imposture sont toujours funestes à la Société & à ses membres; elles font perdre de vue à ceux qui en sont possédés, le but de l'association où ils vivent, les secours qu'ils doivent aux autres & qu'ils ont le droit d'en recevoir, en un mot, les besoins & les desirs qui leur sont communs. Il fallut donc suppléer à la raison par une force qui la représentât, qui fit exécuter ses regles & ses loix, qui ramenât au bien général les intérêts particuliers, dès qu'ils sembloient s'en écarter: on dut s'appercevoir que sans celà la Société, loin de procurer des avantages, ne feroit que rapprocher des êtres malfaisants & les mettre à portée de se nuire. En effet, si chacun ne s'occupoit qu'à poursuivre les objets de ses passions particulieres, sans songer à ceux qui font également l'objet des passions des autres, ces divers genres d'intérêts troubleroient à chaque pas la marche de la Société, & feroient naître à tout moment parmi ses membres, une rivalité, une guerre très dangereuse. Les plus puissants accableroient les plus foibles, les plus adroits séduiroient les plus simples; en un mot, chacun n'emploieroit ses facultés que d'une maniere préjudiciable à ses pareils; & les individus, victimes alternatives de la violence & de l'artifice, se rendroient mutuellement la vie insupportable.

§. II. *Utilité du Gouvernement.*

Pour prévenir ces inconvénients, chaque Société sentit le besoin de se soumettre à une volonté à une force, en un mot, à une autorité qui eut le droit de commander à tous ses membres; elle se fixa un centre commun auquel toutes les volontés, les facultés, les tendances particulieres vinssent en quelque façon aboutir: ce centre devint un mobile qui après avoir une fois reçu l'action, l'impulsion ou le mouvement de la sphere totale, dut réagir sur toutes ses parties. Chaque individu renonça donc pour son bien à une indépendance dont l'exercice ne pouvoit être que funeste à lui-même & aux autres; il soumit sa volonté, ses facultés & ses actions à la force centrale destinée à mettre le tout en mouvement.

§. III. *Sa définition.*

Le Gouvernement est donc la force établie par la volonté publique pour régler les actions de tous les membres de la Société, & les obliger de concourir au but qu'elle se propose: ce but est la sûreté, le bonheur, la conservation du tout & de ses parties.

§. IV. *Distinction des Souverains & des Sujets.*

Le Gouvernement étant ainsi fixé, il s'établit de nouveaux rapports. Un ou plusieurs individus commanderent, les autres obéirent. Les uns furent chargés de vouloir, les autres d'exécuter ce que les premiers voudroient. Les uns devinrent des *Souverains*, les autres des *Sujets*. Mais quels furent les limites du commandement & de l'obéissance ? Elles demeurerent invariablement fixées par la justice, par l'intérêt général de la Société. Ces bornes furent réciproques, & les mêmes pour le Souverain & pour le Sujet; l'autorité est légitime, dès qu'elle procure le bien-être ; l'obéissance est raisonnable & doit être volontaire, dès que le bonheur en dépend. Obéir à des loix justes, émanées d'une autorité que la Société approuve, c'est obéir à la Société, c'est se soumettre à la raison publique pour son propre avantage. Obéir à des loix injustes, émanées d'une autorité contraire à la Nature & au but de la Société, c'est obéir à la passion, au caprice & à la déraison.

Tels sont les principes généraux sur lesquels la raison nous montre que tout Gouvernement est fondé. Examinons maintenant de quelle maniere il a dû s'établir.

§. V. *Origine du Gouvernement.*

Ce seroit donner une carriere trop vaste à l'imagination ou à des conjectures inutiles, que de vouloir deviner quelle a pu être l'origine des différens Gouvernements que nous voyons établis sur la terre. Il y auroit peu de philosophie à suppoſer que tous ſe fuſſent formés de la même maniere, ou à vouloir les ramener à un modele unique. Des circonſtances, des idées, des paſſions différentes, en un mot, des beſoins variés à l'infini ont dû les faire naître; des forces, des moyens, des événemens divers ont dû les accroître & les ſoutenir; des cauſes multipliées ont dû les affoiblir & les conduire plus ou moins lentement à leur diſſolution.

TENTONS cependant de ſuivre la marche de l'eſprit humain & des Sociétés dans l'établiſſement de leurs Gouvernements: nous ne riſquerons guere de nous tromper, lorſque nous partirons d'après les ſentiments les plus généraux & les idées les plus naturelles aux êtres de notre eſpece.

§. VI. *Il a toujours ſubſiſté.*

LES hommes, à parler exactement, ont toujours été gouvernés. Cette vérité ne paroîtra point étrange, pour peu que l'on y faſſe d'attention. Si l'homme eſt le fruit d'une Société dans laquelle ſon enfance reçut des ſecours, & à laquelle ſes beſoins l'attacherent dans l'âge mûr, il fut au moins ſous le Gouvernement de ſon pere. Quelque ſyſtême que l'on adopte ſur l'antiquité du monde, ſoit qu'on le ſuppoſe éternel, ſoit qu'on ne lui donne qu'un nombre d'années limité ; ſoit que tous les hommes deſcendent d'un ſeul, ſoit que le genre humain ait toujours ſubſiſté dans un état à-peu-près pareil à celui où nous le voyons, il y eut toujours des Sociétés. Au moins y eût-il une famille qui reconnut un chef;

cette famille dut à la fin devenir si nombreuse, qu'elle ne put être plus long-tems gouvernée par un seul homme. Le pouvoir, le respect, la soumission accordés au premier pere de famille, qui fut le premier Roi, dûrent se partager entre ceux qui lui succéderent, & même s'altérer, s'affoiblir & s'anéantir tout-à-fait. De nouveaux intérêts, des besoins, des circonstances différentes produisirent des disputes, des guerres, des émigrations, des révolutions, & firent naître des Sociétés nouvelles. D'un autre côté, des calamités générales, telles que les pestes, les famines, les tremblements de terre, les inondations subdiviserent quelques Sociétés & bannirent de leurs anciennes habitations, ceux qui en étoient échappés. Mais quelque fût leur sort, jamais ces troupes errantes & arrachées de leurs demeures primitives, ne purent totalement oublier qu'antérieurement elles avoient déjà vécu sous un Gouvernement quelconque. C'est de l'un de ces points qu'il faut partir, lorsque nous voudrons remonter à la source non chimérique des Gouvernements actuels.

§. VII. *L'utilité, premiere source de l'Autorité Souveraine.*

Ces Sociétés éparses s'étant trouvées au bout d'un certain tems dans une situation plus tranquille, songerent à rétablir chez elles un Gouvernement; leurs yeux dûrent naturellement se tourner vers les personnes de qui elles avoient reçu le plus de bienfaits, & de qui elles croyoient avoir encore lieu d'en espérer. La bonté, l'utilité, voilà les titres naturels pour commander à des hommes; ils firent, sans doute, les premiers Souverains. Plus on s'enfoncera dans la nuit de l'antiquité, plus les foibles lueurs qui nous restent de ces tems ténébreux nous prouvent que les premiers Rois, ainsi que les premiers Dieux, furent des bienfaiteurs du genre humain. Les *Osiris*, les *Hermès*, les *Triptolêmes* furent les chefs & les guides de Peuples sauvages & grossiers qui, après leur avoir accordé l'Autorité Suprême pendant leur vie, étendirent leur reconnoissance au delà du tombeau, & révérerent comme des Divinités, les personnages utiles auxquels ils avoient précédemment obéi.

Les hommes qui avoient été en butte à des entreprises violentes, à des invasions subites de la part d'autres Sociétés voisines, se rapprocherent pour leur défense mutuelle: dans le choix de leurs Chefs, ils dûrent jetter les yeux sur ceux qu'ils jugerent les plus capables de les défendre. La force est la premiere des vertus pour une Société rassemblée par la foiblesse & la crainte: elle lui devient la plus nécessaire de toutes. On nous dépeint les *Hercule*, les *Thésée* & presque tous les premiers héros, comme doués d'une force extraordinaire, d'un courage invincible & la fable nous raconte leurs exploits étonnants.

Le choix libre des hommes dut encore les soumettre souvent à la prudence, à la sagesse, à la vertu, mais sur-tout à cette grandeur d'ame, à cette supériorité de raison, de talents & de lumieres qui lui font subjuguer le vulgaire, étonné de trouver dans ses chefs des ressources qu'il croit *divines*, parce qu'il en est lui-même incapable. Ces hommes éclairés devinrent les législateurs des Sociétés ; ils y établirent l'ordre ; ils leur rendirent raiſon des terribles phénomenes qui les avoient effrayées & diſperſées ; ils firent parler les Dieux ; ils enſeignerent des cultes, ils annoncerent les oracles du ciel, & mêlerent ſouvent le preſtige & l'impoſture, à des bienfaits réels par leſquels ils avoient enchaîné leurs Concitoyens : ils rendirent par là leur autorité plus reſpectable ; les *Orphées*, les *Minos*, les *Numa*, les *Incas*, furent des légiſlateurs de cette eſpece.

§. VIII. *Origine des Ariſtocraties.*

PLUSIEURS familles diſperſées ont encore pu ſe raſſembler pour leurs avantages communs & leur défenſe réciproque : en ſe combinant, elles ne changerent rien au Gouvernement paternel. Les chefs de différentes familles conſerverent une autorité égale ; leurs volontés réunies réglerent la Société, formée par la combinaiſon de ces troupes détachées. C'eſt ſur ce modele qu'ont dû ſe former les Républiques Ariſtocratiques.

§. IX. *De la Conquête.*

ENFIN un grand nombre de Gouvernements ſe ſont établis par la violence & le déſordre. Des brigands heureux, ſecondés par d'autres brigands, vinrent fondre à main armée ſur les Sociétés qu'ils ſubjuguerent, dont ils envahirent les poſſeſſions, dont ils renverſerent les Gouvernements & les Loix : après avoir vaincu & détruit les chefs qui les avoient commandées, ils ſe mirent en leur place : les Peuples conſternés ſurent contraints de recevoir en tremblant, le nouveau joug qu'on leur apporta ſans conſulter leur choix. Les *Nimrod*, les *Séſoſtris*, les *Alexandre*, les *Clovis* fonderent ainſi de nouveaux empires.

§. X. *Des Républiques fédératives.*

AUX grandes Sociétés ſe ſont jointes des Sociétés plus petites. Cette jonction s'eſt faite, ou de plein gré, ou par la force: dans le premier cas, des Nations incapables de ſe ſoutenir par elles-mêmes, ſe ſont quelquefois mis ſous la protection d'une Nation plus puiſſante. D'autres fois, à la vue des avantages dont jouiſſoient leurs voiſins, quelques Etats ont renoncé à leur propre indépendance, pour ſe ſoumettre à la même volonté qui leur procuroit ces avantages. Dans le ſecond cas, le torrent de la conquête entraîna, malgré elles, des Sociétés trop foibles pour réſiſter. Enfin des Sociétés égales en force ont fait quelquefois des confédérations entre elles &, ſous de certaines conditions, ſe ſont réunies pour repouſſer des forces plus grandes que chacune des leurs priſes ſéparément. Telle fut autrefois la ligue des *Achéens*; telle eſt encore celle des *Suiſſes* & des *Provinces-Unies*.

C'EST à l'une de ces manieres que l'on peut rapporter la formation de tous les gouvernemens qui partagent la terre. L'hiſtoire ne nous fournit point d'exemples que les Sociétés aient pris d'autres routes pour ſe choiſir des Chefs. Quoiqu'il en ſoit, rien ne ſeroit plus inutile que de chercher ainſi à tâtons dans la nuit des tems, les ſources primitives de l'autorité, ſi la flatterie &

l'impofture ne s'étoient efforcées d'inventer une origine idéale, afin de forger à ceux qui gouvernent les hommes, des titres pour les opprimer: vains titres! qui difparoiffent aux yeux de la raifon: elle nous prouvera, lorfque nous la confulterons, que quelqu'aient été les motifs, les befoins & les circonftances des Sociétés, en fe foumettant à un Gouvernement, jamais elles n'ont voulu conférer à leurs Chefs le droit de les rendre miférables: vérité éternelle que la violence, l'impofture, ou l'erreur ont pu obfcurcir & faire méconnoitre, mais qu'elles ne parviendront jamais à détruire.

§. XI. *Origines des Monarchies.*

Les hommes, comme on a vu, ont toujours eu fous les yeux le modele d'un Gouvernement. Nés dans une famille gouvernée par un pere, ils ne purent jamais l'oublier. La Société formée par l'affemblage de plufieurs familles diftinctes, en confondant leurs intérêts, n'en forma plus qu'une feule. Mais cette grande famille fut-elle gouvernée par plufieurs chefs ou par un feul? L'un & l'autre put arriver, fans doute. Par où commença-t-on? la chofe eft indifférente; cependant tout nous conduit à croire que la réflexion dut bientôt ramener les hommes à l'unité. L'expérience dut faire fentir de très bonne heure que plufieurs hommes divifés d'intérêts, de paffions, de volontés; peu d'accord dans leurs idées, dans leur conduite & dans leurs vues même les plus droites, laiffoient toujours quelque chofe à defirer, ou même nuifoient fouvent à l'harmonie de la Société, à la fimplicité de fes mouvements, à l'exécution de ses projets, à la promptitude & au secret de ses entreprises. Ainsi les hommes entrevirent très souvent les avantages du Gouvernement d'un seul. Ce Gouvernement, appellé *Monarchie*, eut pour modele le Gouvernement d'une famille. La Société crut y voir un pere commandant pour leur bien à des enfants chéris. Dans l'âge tendre de l'enfance ce pere veille à leur sûreté, il protege leur foiblesse, il prévoit leurs besoins, il les dispose peu-à-peu à devenir utiles dans un âge plus robuste ; il fait concourir chacun selon ses forces & ses talents au soutien & au bien-être de la petite Société dont ils sont membres. Ainsi le Gouvernement Monarchique se présenta très naturellement à l'esprit des hommes. Si des circonstances particulieres ont déterminé les Sociétés à confier le pouvoir souverain à plusieurs peres de famille qu'elles jugerent également capables de les gouverner de concert, elles eurent de fréquentes occasions de se désabuser de l'idée d'avoir rencontré une forme de Gouvernement stable, & toujours également propre à remplir leurs vues. Des Chefs égaux en autorité, ne le furent point en forces, en vertus, en talents; leurs passions les diviserent. La Société prit part à leurs querelles; elle se divisa en factions; & souvent par les maux qu'elle se fit à elle-même, elle sentit le besoin de revenir au Gouvernement d'un seul. La Monarchie fut presque toujours le refuge des grandes Sociétés divisées; elles se flatterent d'y trouver ce repos après lequel soupirent des hommes lassés de se déchirer.

§. XII. *Inconvénients de la Monarchie.*

La Monarchie eut elle-même ses inconvénients. L'abus fut toujours à côté du pouvoir; les forces de la Société concentrées dans un seul homme, eurent, il est vrai, plus d'énergie & d'activité, mais elles n'en furent que plus dangereuses pour la Société même.

Le Monarque oublia ses devoirs; ses Sujets oublierent les leurs ; irrités des excès de leurs Maîtres, ils repousserent la force par la force; & lorsque le succès répondit à leurs efforts, ils changerent quelquefois la forme de leur Gouvernement, & se flatterent de trouver dans ces changements, une félicité qui jusques-là leur étoit étrangere. Les transports de la passion leur permirent rarement de réformer le gouvernement avec douceur. La fureur guida les démarches de la Société; elle se promit d'autant plus de bonheur, qu'elle s'éloigneroit plus de la forme du Gouvernement dont récemment elle venoit d'éprouver les abus; tout jusqu'au nom en devint odieux: au lieu de se borner à des changements faciles & médiocres, on aima mieux tout renverser. A la monarchie, au despotisme, à la tyrannie succéda le Gouvernement que l'on nomme Républicain.

§. XIII. *De la Démocratie.*

Quand la Société en corps, rentrée en possession de son pouvoir, fit elle-même ses loix, son Gouvernement s'appella *Démocratie.* La Souveraineté résida dans la Société entiere; mais la confusion qui s'y mit bientôt, n'en fit le plus souvent qu'une anarchie modifiée. Fatiguée de son incapacité, de ses passions, de ses fureurs, elle remit son pouvoir à quelques hommes choisis par elle & chargés de la représenter. Cette autorité fut donnée par la Société avec réserve, ou sans réserve : quelquefois le Peuple se réserva le droit de faire les loix, de les examiner, de les approuver & de les rejetter ; d'autres fois il confia à ses Magistrats, le soin de vouloir pour lui ; il ne lui resta pour lors que la fonction d'obéir. Ce Gouvernement fut nommé *Aristocratie*. La Société, en l'adoptant, se proposa de remettre son autorité trop tumultueuse, lorsqu'elle est exercée par le corps du Peuple, entre les mains d'un certain nombre de Citoyens que l'on supposa égaux en pouvoir, en talents, en vertus.

§. XIV. *Ses Inconvénients.*

Sous le Gouvernement Démocratique, chaque individu reste, pour ainsi dire, indépendant : sa liberté n'est limitée que par des Loix qu'il est censé s'imposer à lui-même. On crut sans doute que des regles faites pour obliger également tous les Citoyens, seroient les moyens les plus propres de remédier à l'inégalité que la Nature a mise entre les hommes. On se flatta que chacun jouissant de ses droits, ne seroit plus la victime de la force. On ne s'apperçut point que le projet d'établir l'égalité entre les hommes, est une chimere. On ne vit point que, si par hazard elle semble quelquefois avoir lieu, ce ne peut être que pour des instants très courts ; on ne fit point attention que les passions des individus prenant sous la Démocratie, un plus libre essor que sous les autres Gouvernements, devoient aussi produire des effets plus funestes. Le Peuple, trop souvent incapable de raisonner, cause, en un clin d'œil, des maux irréparables. On ne vit point que si la force ouverte ne pouvoit rien sur les Citoyens, la séduction, la persuasion, l'enthousiasme étoient dans la bouche de quelques ambitieux, des moyens assurés pour allumer la fureur d'une multitude imprudente & déraisonnable.

L'HISTOIRE de tous les âges ne nous montre que les secousses continuelles, les agitations & les orages auxquels le Gouvernement populaire fut constamment exposé: l'autorité y est sans force, parce qu'elle est trop divisée; elle n'est point respectée, par ce que chacun s'en croyant dépositaire, prétend avoir acquis le droit d'en abuser; elle ne frappe point les sens, par ce qu'elle n'est point assez fortement représentée; chaque Citoyen qui se croit indépendant donne un libre cours à ses passions. Un Peuple souverain, flatté par ses Démagogues, devient leur esclave & l'instrument de leurs desseins pervers. Des Citoyens turbulents se partagent en factions, la discorde soufle ses feux dans tous les esprits; des guerres civiles déchirent une Société qui, aveugle dans ses attachements & ses haînes, se livre souvent à ses ennemis les plus cruels, & persécute avec acharnement ses véritables amis. Elle se jette dans les bras de quelque traître qui lui fait payer de sa liberté, les remedes, ou plutôt les poisons dont il l'infecte. Enfin le Peuple fatigué de ses propres excès, se livre à l'esclavage d'un seul ou d'un petit nombre, & se croit trop heureux d'échanger sa licence contre des fers.

§. XV.

§. XV. *Dangers de l'Ariſtocratie.*

Pour remédier à ces maux, partage trop commun des Gouvernements populaires, la Société eut quelquefois recours à l'Ariſtocratie. Elle choiſit parmi ſes membres ceux qu'elle jugea dignes de ſa confiance; ſouvent guidée dans ſon choix par ſes propres paſſions, par l'ignorance, par l'impoſture, elle devint la proie de ceux qui devoient la protéger. Il n'y eut & il ne put y avoir d'harmonie entre ſes Chefs; chacun pouſſé par ſon ambition ou ſon intérêt particulier, voulut prendre de l'aſcendant ſur ſes collegues devenus ſes rivaux: il y eut entre eux inégalité de talents & de force: tant que le combat fut égal, la Société ſe remplit de brigues, de cabales, d'intrigues; chaque ambitieux eut ſon parti & ſe fit des adhérens qui combattirent pour lui: à la fin le Peuple diviſé, déchiré, épuiſé acheta de ſon ſang quelque nouveau maître plus heureux que ſes concurrents, ou bien il devint la proie d'un parti dominant.

Les Chefs de ces Républiques ne ſe livrerent point toujours à ces indignes excès; ils tâcherent quelquefois pour leurs propres intérêts de prévenir les ſuites de l'ambition de leurs égaux; des loix ſéveres maintinrent entre eux une balance qui ne fut point faite pour le reſte de la nation: celle-ci n'y gagna rien; elle fut ſoumiſe à pluſieurs maîtres d'accord pour l'aſſervir, pour la tenir dans l'eſclavage, & pour profiter ſeuls du fruit de ſa ſoumiſſion. Ainſi quelques familles puiſſantes devinrent maîtreſſes de l'Etat, & s'en partagerent les dépouilles; au lieu d'un Souverain, le Peuple eut plusieurs Tyrans associés contre lui, & leur oppression fut d'autant plus dure, qu'elle fut plus réfléchie, mieux concertée & maintenue par un systême suivi. Les passions d'un seul homme changent avec le tems, & disparoissent avec lui; celles d'un corps toujours subsistant, toujours lié d'intérêts, ne sont pas si sujettes à changer.

§ XVI. *Des Républiques Mixtes.*

Les Sociétés instruites à leurs dépens des malheurs de la Démocratie & de l'Aristocratie, chercherent à tempérer l'une par l'autre, elles se flatterent que la sagesse de leurs membres les plus illustres, les plus éclairés, les plus opulents, modéreroit la fougue des emportements populaires. Elles s'imaginerent que le Peuple tiendroit ses yeux ouverts sur la conduite des Citoyens avec lesquels il partageoit le pouvoir; on supposa qu'il veilleroit à ses propres intérêts, & contiendroit une force qui seroit elle-même un frein pour la sienne. Ces espérances furent vaines. Les plus distingués des Citoyens formerent un corps ou *Sénat* dont les intérêts ne furent presque jamais ceux du Peuple; le Sénat voulut dominer le Peuple, & le Peuple à son tour voulut dominer le Sénat. Delà une division éternelle entre les deux puissances. Elle fit naître des jalousies, des défiances continuelles; l'adresse fut d'un côté, la fougue & l'impétuosité furent de l'autre; les forces de l'Etat ne purent presque jamais ni se maintenir en équilibre, ni se réunir pour agir de concert; les Loix les plus raisonnables, les institutions les plus salutaires, les projets les plus avantageux, furent arrêtés ou rejettés comme odieux & suspects. Par les efforts continuels du Peuple contre le Sénat & du Sénat contre le Peuple, la Société fut toujours en discorde: occupée à lutter contre elle-même, elle devint la proie des ambitieux qui surent profiter de son imprudence pour s'élever sur les ruines de leurs rivaux; ils finirent par donner des fers à la Patrie qu'ils se vantoient de servir; l'usurpation & la Tyrannie ont terminé presque toujours les factions & les combats des Républiques mixtes. Tel fut le Gouvernement & le sort de l'ancienne Rome.

§. XVII. *Du Gouvernement féodal.*

Il est encore une sorte de Gouvernement que l'on met quelquefois au nombre des Républiques: il tire son origine du brigandage, du désordre, de la guerre. Les Rois conquérants, pour s'attacher des guerriers, leur accorderent, soit de gré, soit de force, une indépendance, & souvent un pouvoir funeste. La Monarchie fut donc alors combinée avec l'Aristocratie. Les guerriers, devenus dépositaires d'une portion du pouvoir souverain & possesseurs des terres de la Nation conquise, voulurent seuls la représenter. Ils furent pour le Monarque une barriere qu'il ne put franchir; les Loix se turent pour ces Représentants armés; sous ce Gouvernement le Monarque fut presque toujours trop foible pour agir; le Peuple fut écrasé sous une multitude de Tyrans qui, vivant eux-mêmes dans l'Anarchie, firent consister leur liberté dans la faculté d'opprimer impunément leurs Concitoyens malheureux. Ils lierent soigneusement les mains du Monarque, pour qu'il ne pût jamais s'opposer à leurs excès.

TEL eſt le Gouvernement *féodal* établi jadis dans toute l'Europe; enfanté au milieu du tumulte par des brigands, accoutumés à la licence ſous des conquérants dont ils étoient les appuis; ce Gouvernement barbare ou plutôt ce déſordre ſyſtématique s'eſt conſervé en Pologne dans toute ſa férocité: il ſubſiſte en partie dans l'Empire d'Allemagne; & l'on en trouve encore des veſtiges marqués dans tous les Gouvernements modernes.

§. XVIII. *Du mobile des Républiques.*

La vertu, dit un illuſtre auteur, *eſt le mobile du Gouvernement Républicain.*[*] Mais ſi l'on regardoit la choſe de plus près, il ſemble qu'on trouveroit qu'il eſt pour les Républiques, une autre idole à qui la vertu même fut toujours ſacrifiée; c'eſt l'égalité. On a déjà fait voir combien cette égalité étoit chimérique, on a prouvé que la Nature ne l'avoit accordée à aucun des êtres de notre eſpece, vainement les hommes tenteroient-ils de l'établir entre eux. Dans les Républiques, l'amour de l'égalité fit naître entre les Citoyens une envie une défiance, de la vertu même qui s'arment contre les talents, contre les ſervices les plus éclatants: chacun redoute les hommes qu'il eſt forcé de reſpecter: on tremble qu'ils n'uſent de l'aſcendant que le mérite leur donne pour aſſervir la Société. Si ces diſpoſitions font naître une inquiétude favorable à la liberté, elles ſont auſſi la ſource d'une foule d'injuſtices & d'une ingratitude capable de décourager le mérite & d'éteindre l'amour de la Patrie. C'eſt avec raiſon que l'on reproche aux Républiques, ces défauts ſi nuiſibles à la Société. Plus la vertu ſe montre avec éclat,

& plus elle paroît insupportable à des hommes enivrés de cette égalité romanesque qui n'est proprement que de l'envie. Si l'enthousiasme, si la grandeur d'ame, si la vertu fondent les Républiques & les soutiennent, ces mouvements impétueux ne peuvent être de durée; l'utilité opprimée & punie par l'injustice, encourage le crime; & l'amour de l'égalité finit par détruire l'édifice que le bras de la vertu avoit élevé & soutenu quelque tems. Aristide fut victime de l'ostracisme; après Phocion, qui est-ce qui auroit eu le front d'être vertueux à Athènes.

D'AILLEURS dans les Républiques, l'attachement pour les institutions & les Loix devient lui-même souvent un préjugé funeste. Nulle Loi humaine n'est faite pour durer toujours; il n'est que les loix éternelles de notre nature qui soient propres à nous commander sans cesse. Dans une République, une Loi changée produit presqu'infailliblement une révolution. La raison est souvent obligée de respecter les idoles du Peuple; il les chérit par habitude, lors même qu'elles lui sont très nuisibles. D'un autre côté les ambitieux, qui cherchent dans le trouble à faire valoir leurs intérêts personnels, excitent toujours le Peuple, sous le prétexte de changement & de réforme.

§. XIX. *De la Monarchie limitée.*

LES sociétés comme les individus cherchent sans cesse à perfectionner leur sort; les inconvénients des Républiques même tempérées, persuaderent que la Nation seroit plus heureuse, si elle parvenoit à réunir la Monarchie avec la République. On crut qu'une autorité ainſi balancée mettroit un frein aux abus de la Royauté, à l'ambition des Ariſtocrates & à la fougue du Peuple. Du mêlange de ces trois Gouvernements naquit celui qu'on appelle *Monarchie Mixte ou tempérée.* On eſpéra que par ſon moyen les forces de la Société ſeroient plus juſtement diſtribuées. On ſentit que pour prévenir l'abus inſéparable de tout pouvoir, il falloit le remettre en différentes mains qui empêchaſſent que l'un des Ordres de l'Etat n'entraînât la balance de ſon côté. Ce Gouvernement eſt regardé comme le chef-d'œuvre de l'eſprit humain. Les Loix invariables commandent également à tous les membres de la Société; le Monarque lui-même reconnoît leur Empire: elles lui lient les mains, quand il veut faire le mal & ne lui laiſſent que l'heureuſe liberté de faire du bien. Tout Citoyen eſt par elles protégé contre la puiſſance. Ces Loix ne ſont point ſujettes aux caprices d'un Souverain ou de ſa cour; le Peuple repréſenté par un Sénat, dont lui-même choiſit les membres, concourt à la légiſlation qu'il s'impoſe; les Citoyens les plus diſtingués par la naiſſance, par la fortune, par le rang, y cooperent. Enfin elle eſt revêtue de l'Autorité Royale qui demeure chargée de ſon exécution. Sous un tel Gouvernement les loix ne ſemblent être que l'expreſſion de la volonté publique. La perſonne, la propriété, la liberté de chaque individu deviennent des objets ſacrés auxquels nulle puiſſance ne pourroit toucher impunément.

L'ANGLETERRE nous fournit un eſſai de ce Gouvernement. Si quelqu'inſtitution humaine semble devoir procurer du bonheur à un Peuple, ce devroit être, sans doute, un Gouvernement qui réunit, balance & tempere tous les Gouvernemens que les hommes ont imaginés jusqu'à présent. Mais il n'est point d'édifice que les passions humaines ne parviennent à miner. Il n'est point de Loix si sages & si séveres, que l'adresse ou la force ne viennent à bout d'éluder ou d'enfreindre. L'esprit de l'homme ne peut prévoir & prévenir les circonstances, les événements, les révolutions qu'amene le destin. Les passions secrettes, comme les eaux, parviennent à détruire sourdement les monuments les plus solides. Peut-être trouvera-t-on un jour que ce Gouvernement, aujourd'hui si heureux, si digne d'admiration, est sujet à la fois aux inconvénients des trois formes de Gouvernement qu'il réunit. Un Monarque adroit fera, peut-être, concourir les Représentants du Peuple à se donner des fers. Quel pouvoir n'a point l'argent sur une Nation avide, quand il est devenu son unique mobile? Un Monarque maître des trésors peut aisément corrompre des citoyens avares. Un Souverain qui commande en despote à des soldats mercènaires, peut aisément subjuguer ceux qu'il ne peut séduire. Enfin des citoyens divisés n'offrent qu'une barriere très foible aux desseins suivis d'un Prince ambitieux. Une Aristocratie vénale est une digue peu sûre contre le pouvoir arbitraire. Enfin un Peuple inquiet, turbulent qui prend sa licence effrénée pour de la liberté, peut aisément se jetter de lui-même dans les fers. La félicité permanente d'un Peuple ne peut être solidement fondée que sur la raison éclairée, l'amour sincere du bien public, les bonnes mœurs, la vertu. Des hommes sans lumieres & sans mœurs sont faits pour devenir tôt ou tard des esclaves.

§. XX. *De l'Autorité absolue.*

DANS tout Gouvernement il faut une autorité absolue : quelque part qu'elle réside elle doit disposer à son gré de toutes les forces de la Société ; pour cet effet elle doit non-seulement faire des Loix, mais encore jouir d'un pouvoir assez étendu pour les faire exécuter, ou pour vaincre les obstacles que pourroient y apporter les passions des individus. Ces objets ne seroient point remplis, si l'autorité publique n'avoit pas une force suffisante pour obliger également tous les membres de l'Etat, de concourir à son bonheur, à sa conservation, à sa sûreté. Elle doit encore décider des voies qui y sont les plus propres. En un mot, cette force centrale est faite pour déterminer toutes les tendances particulieres & doit être assez puissante pour les forcer à se joindre à la tendance du tout. Si cette puissance avoit des bornes, il ne pourroit y avoir d'activité & de vigueur dans le Gouvernement ; les vices des membres rendroient sans cesse inutile ou dangereuse une association qui n'a pour objet que le bien-être général. Cette vérité a été sentie par les Sociétés les plus jalouses de leur liberté : au milieu des factions les plus cruelles, souvent elles se sont vu obligées de se soumettre, au moins pour un tems, à une autorité illimitée. Telle fut la *Dictature* à Rome.

MAIS en quelles mains remettre un pouvoir si nécessaire ? Comment empêcher qu'il ne dégénere à la fin en un abus insupportable? Le problême paroît difficile à résoudre. Si l'on confie l'autorité à un seul, il devient un centre unique qui attire tout à lui seul, & fait servir les forces de l'Etat à satisfaire ses propres passions. Le pouvoir absolu confié sans réserve à un seul homme ne peut donc être que l'effet de l'imprudence & du délire. Remettra-t-on la puissance suprême à un petit nombre de citoyens choisis? Bientôt ils deviendront les Tyrans de la Société. La Nation elle-même conservera-t-elle la plénitude de son pouvoir? Elle ne sait en faire usage; ou si par hazard elle l'emploie, ce sera sans prudence, sans réflexion, sans raison, & souvent contre ses intérêts les plus chers. Dans ces embarras quel parti prendre? Il n'en est point de plus sûr que de partager entre les différens ordres de la Société une puissance qui, placée dans les mains d'un seul homme ou d'un seul corps, les mettroit en état d'opprimer. Ce plan n'est point chimérique; que le pouvoir du Monarque reste toujours subordonné à celui des Représentans du Peuple, & que ces Représentans dépendent sans cesse de la volonté de leurs Constituants desquels ils tiennent, tous leurs droits, dont ils sont les interprêtes, & non les maîtres.

§. XXI. *Nulle forme de Gouvernement n'est parfaite.*

Ce seroit se tromper, sans doute, que de s'attendre à trouver la perfection dans aucune forme de Gouvernement. La plus parfaite est celle qui assûre le bonheur du plus grand nombre & le met à l'abri des passions du petit nombre.

L'adminiſtration la plus ſage eſt celle qui veille inceſſamment ſur elle-même; ſa vigilance doit entretenir & réparer ſans ceſſe une machine que le mouvement uſe, affoiblit, dégrade à chaque inſtant. Un Gouvernement équitable fait enſorte que chaque individu jouiſſe avec le plus d'égalité qu'il eſt poſſible, des avantages de l'aſſociation; plus le bonheur eſt réparti, plus la Société ſera fortunée. Le dernier des Citoyens a le même droit à une félicité proportionnelle à ſon état, à ſon mérite, à ſes talents, que le Citoyen le plus diſtingué, que le Monarque lui-même.

Tous les Gouvernements ont des avantages & des déſavantages réels. Tous, ſans exception, ont des inconvénients ſans nombre, & portent en eux-mêmes le principe de leur deſtruction. Si l'excès du pouvoir produit la Tyrannie, l'abus de la liberté produit la licence, auſſi funeſte aux Etats que la Tyrannie elle-même, puiſque chaque individu devient le Tyran d'un autre. Si l'autorité eſt concentrée, elle eſt plus active & plus forte, par conſéquent elle peut devenir plus dangereuſe. Eſt-elle partagée? Elle s'affoiblit; des reſſorts multipliés & compliqués ne jouent point communément avec la même aiſance que ceux qui ſont ſimples & peu nombreux. Le Peuple eſt-il méchant, corrompu, licentieux? L'autorité n'a plus aſſez de nerf; eſt-il aſſervi? Il perd toute énergie. Les Loix ſont-elles mépriſées? Tout tombe dans le déſordre; a-t on pour elles un attachement trop ſervile? Dans bien des circonſtances elles deviendront funeſtes. Qu'eſt-ce qui décidera de ces circonſtances? Ce ſera la raiſon, & à ſon défaut la force ou la néceſſité. C'eſt elle qui, du ſein des maux, fait naître les plus grands biens; de l'excès de l'eſclavage, elle ſuſcite des vengeurs à la liberté; de l'abime de l'infortune, elle fait ſortir le bonheur.

C'EST donc de la juſte balance du pouvoir & de la liberté que réſulte un bon Gouvernement. Ainſi tout Gouvernement, quelque nom qu'on lui donne, ſera bon, lorſqu'il rendra heureux le plus grand nombre de ceux qui lui ſeront ſoumis. Il atteindra ce but, en laiſſant aux Citoyens la juſte liberté qui met chacun en état de travailler à ſon bonheur ſans nuire à celui de ſes Concitoyens.

§. XXII. *Le même Gouvernement ne convient pas à tous les Peuples.*

UN même Gouvernement ne peut pas convenir à tous les hommes. Diſtingués par des climats, par des mœurs, des opinions, des préjugés, des beſoins divers, il eſt impoſſible qu'une même façon de gouverner puiſſe convenir à tous. L'étendue plus ou moins vaſte d'un Etat, ſa poſition, ſes productions, doivent encore mettre des différences entre les formes qu'il faut donner à l'autorité. Si toutes les Nations étoient égales pour la force & les lumieres ou la raiſon, elles ſeroient faciles à gouverner. Si toutes avoient des Souverains vertueux, toutes ſeroient également heureuſes.

§. XXIII. *La tranquillité d'un Etat n'eſt pas le ſigne de la bonté d'un Gouvernement.*

Mais quel eſt, dira-t-on, le Gouvernement le plus permanent & le plus tranquille? Peut-être ſera-t-on tenté de croire que ce ſigne doit décider de ſa bonté. C'eſt pourtant une erreur. La durée d'un Gouvernement, ne prouve rien en ſa faveur. Les vaſtes régions de l'Aſie gémiſſent depuis des milliers d'années ſous un Deſpotiſme abſurde qui, quoiqu'en changeant ſouvent de mains, commande toujours à des eſclaves également malheureux. Les hommes enchaînés par l'ignorance, la pareſſe, & ſur-tout par la ſuperſtition, s'accoutument au joug & le portent par habitude. La ſtupidité dans laquelle ils vivent, les empêche de reconnoître s'il eſt au monde des hommes dont le ſort ſoit plus doux.

§. XXIV. *La puiſſance & la richeſſe ne prouvent pas le bonheur.*

On croira peut-être que la puiſſance d'un Etat & ſa ſupériorité ſur les Nations qui l'environnent, ſes richeſſes, ſon commerce, ſa fertilité, pourront nous faire juger de la bonté de ſon Gouvernement. Détrompons-nous de cette idée. Les Empires les plus puiſſants au-dehors, ſont ſouvent les plus malheureux, les plus mal gouvernés dans l'intérieur. Lorſque la frénéſie de la guerre s'empare d'une Nation ou de ceux qui la dirigent, quelque ſuccès qui couronne ſes exploits, quelqu'étendue qu'elle donne à ſes conquêtes, quelqu'aſcendant momentané qu'elle prenne ſur ſes voiſins; elle paiera chérement ſes prétendus avantages, & son bien-être intérieur en souffrira toujours. Les Peuples guerriers & conquérants ressemblent à ces insectes malfaisans qu'on voit périr sur les plaies qu'ils ont faites.

Les richesses & les productions du sol, en un mot, les avantages de la Nature & de l'industrie ne prouvent rien en faveur d'un Gouvernement. Est-il une contrée plus opulente & plus malheureuse que l'Indostan? C'est l'usage que le Gouvernement sçait faire & du sol, & des habitans & des richesses; c'est le bonheur qu'il procure à ses Sujets qui peut seul faire juger de sa sagesse; c'est la facilité qu'il trouve à réunir toutes les volontés pour les faire concourir au bien général qui annonce la vraie force d'un Etat. Il n'en est point de réelle & permanente dans un Etat où les passions divisent les Sujets, & séparent leurs intérêts de ceux du Public; le Gouvernement est mauvais, dès que les mœurs sont mauvaises; une Société vicieuse ne peut jamais être heureuse. Tous ses efforts, tous ses succès ne seront que le fruit d'une impulsion momentanée. Les Gouvernements militaires, sans cesse en mouvement, ne peuvent guere s'occuper de la félicité publique; elle est à tout moment sacrifiée à l'humeur ambitieuse des Princes & au génie remuant des Courtisans & des Grands. Un Gouvernement avide, dont toutes les vues sont absorbées par le commerce ou la passion des richesses, sacrifie tout à son idole, se ruine dans l'idée de s'enrichir, & corrompt les mœurs des Citoyens.

§. XXV. *Des institutions primitives.*

MACHIAVEL a dit *qu'un gouvernement ne pouvoit long-tems subsister, s'il ne recouroit souvent à ses premiers principes;* cette maxime est très vraie; si par *premiers principes* on entend la Nature de l'homme, le but de l'association, le bien public, l'équité. C'est là-dessus qu'en tout tems on pourra juger sainement les gouvernements, les loix & les institutions humaines. Les circonstances des Nations changent, & ce seroit une erreur que de vouloir recourir à leurs institutions primitives, que le tems a souvent rendu inutiles ou dangereuses. C'est pourtant dans cette erreur que les Nations tombent à tout moment. Souffrent-elles quelques maux? Sur le champ des réformateurs font des recherches pour voir ce qui se pratiquoit autrefois; ils veulent que des remedes surannés guérissent des maladies actuelles; ils vont puiser dans l'antiquité des Loix, souvent insensées, des usages absurdes, des faits très peu certains, des droits barbares & nuisibles; en un mot, les décisions de leurs peres; tandis que les questions les plus difficiles & les plus importantes seroient sur le champ, éclaircies si l'on recouroit au plan primitif de toute Société, aux qualités inhérentes & essentielles à tous les hommes. Le préjugé de la sagesse de nos peres est souvent très funeste en Politique; la vénération pour l'antiquité devient une superstition que l'on oppose sans cesse, au bon sens. Les Nations changent, ainsi ce sont les besoins actuels, c'est la raison perfectionnée que l'on doit consulter. De ce qu'une chose fut jugée utile & bonne autrefois, il ne suit nullement qu'elle soit bonne aujourd'hui.

Si l'on fait attention à ces principes, on verra pourquoi la plupart des gouverments modernes nous offrent des monuments informes, des amas de Loix, de Droits, d'Usages contradictoires; des machines compliquées, incapables de se mouvoir avec facilité, qui s'arrêtent à tout moment sans qu'on puisse découvrir les obstacles qui les empêchent d'agir. Telle est la véritable origine des embarras où l'on se trouve, lorsqu'on veut rectifier des institutions devenues, très nuisibles. Telle est la cause qui perpétue dans les Gouvernements, des maximes destructives, injustes, déraisonnables que l'on voit encore subsister par-tout, quoique par-tout on en sente les inconvénients.

§. XXVI. *Des réformes & révolutions.*

La perfection, il est vrai, n'est point le partage des institutions humaines; les Gouvernements, ainsi que tous les ouvrages de l'homme, sont sujets à des révolutions que toute la sagacité ne peut prévenir. Etablis par la force, par l'enthousiasme, par le besoin, enfantés au sein du désordre, des orages & des allarmes, rarement la raison présida-t-elle à leur formation primitive; plus rarement encore, les Nations furent-elles assez prudentes pour prévoir les abus que l'on feroit de l'autorité qu'elles confioient. Les changements qui survinrent furent communément l'ouvrage de la passion, de la fureur, de la nécessité. On ne songea jamais qu'à rémedier aux abus que l'on sentoit actuellement; & quelquefois à ceux que l'on voulut écarter; l'on en substitua de plus dangereux. Quels avantages bien marqués a-t-il résulté jusqu'ici de tant de guerres civiles, de révoltes, de régicides & d'attentats par lesquels des Nations dépourvues de principes ont prétendu remédier aux maux qu'elles éprouvoient ? Pour avoir égorgé des milliers de Tyrans, les Peuples de l'Asie en sont-ils devenus plus libres ou plus fortunés ? Si des révolutions ont quelquefois procuré des biens momentanés, elles ont souvent causé des calamités durables : souvent la stupidité & la folie détruisirent en un instant les mesures les mieux concertées, les établissements les plus sages, les institutions les plus utiles. Quelquefois le délire & la passion produisirent les effets les plus utiles. La conquête impitoyable moissonna tout, & fit disparoître le nom même des Nations qu'elle subjugua. Les passions des Princes, une Politique insensée, des bévues accumulées conduisirent les Empires les plus florissants à leur terme fatal. Les Sociétés ne furent heureuses, que lorsque les passions de leurs chefs s'accorderent avec le bien public : le bonheur des Nations ainsi que celui des individus fut toujours un équilibre presqu'aussitôt rompu que formé. Il y eût une lutte perpétuelle de la Société contre ses Maîtres & de ceux-ci contre la Société. Ce combat fut toujours inégal ; le Souverain eut une volonté permanente de dominer & d'envahir ; la Société ne put jamais réunir les volontés discordantes de ses membres. Les dépositaires de l'autorité voulurent sans cesse l'étendre, la rendre illimitée, & briser tous les obstacles que rencontroient leurs passions inconsidérées. Le Despotisme fut l'objet des vœux constans de tous les

Princes,

Princes, & bien-tôt il fit éclore la Tyrannie, également dangereuse pour les Souverains & pour les Peuples. Les Sujets firent des efforts continuels pour se soustraire à la violence. La guerre fut nuisible aux Etats qu'elle épuisa, qu'elle dépeupla, qu'elle appauvrit; la paix engourdit les Nations & les rendit une proie facile pour les Sociétés plus puissantes. Le commerce, fruit de la liberté & de la tranquillité, produisit les richesses, & ces richesses, toujours suivies par le luxe, finirent par énerver les Citoyens. Le despotisme dévasta les Nations; l'anarchie ou la licence les jetta communément dans les fers d'un Despote.

§. XXVII. *En quoi consiste la bonté du Gouvernement.*

La perfection du Gouvernement consisteroit à diriger vers le bien public, les passions des Citoyens. En vain s'efforceroit-il de les anéantir; en vain exigeroit-on que ceux qui commandent aux hommes fussent exempts eux-mêmes de passions. Rien n'est plus rare qu'un Gouvernement sage & qui rende les Peuples heureux. Mais est-il plus commun de trouver des familles bien gouvernées? Il ne faut donc pas prétendre que les chefs qui commandent aux grandes familles dans lesquelles le genre humain est partagé, aient toujours la dose de vertus, de talents & de génie nécessaires, pour faire agir avec précision de vastes corps dont les ressorts sont infiniment compliqués. Les Princes sont des hommes, l'erreur est leur partage; ils font le mal souvent à leur infçu, ils ignorent communément leurs véritables intérêts : les Nations, comme les individus font fujettes à des maladies : les crifes, fouvent très vives, rendent pour un tems la fanté au Corps Politique ; fa fanté dure, jufqu'à ce qu'ayant amaffé de nouvelles humeurs, la Nature, par des crifes nouvelles, le force à fe débarraffer.

LAISSONS donc agir la Nature ; fecondons-la quelquefois, lorfque nous pourrons le faire avec fûreté ; ne la brufquons, ne la traverfons jamais. Songeons que fi l'on connoît le mal, on n'en connoît pas toujours les vrais remedes ; craignons que des mains peu habiles ne travaillent à l'augmenter. Ayons pour les dépofitaires de l'Autorité Publique, cette indulgence que nous devons à des êtres fujets aux infirmités de notre nature. Rentrons dans le fond de nous-mêmes ; confidérons nos propres foibleffes ; fouvenons-nous fur-tout qu'il n'appartient qu'à la Société de marquer fes mécontentements : elle feule a droit de reprendre l'autorité dont elle s'eft deffaifie, lorfqu'on l'emploie à fa deftruction.

NOUS prouverons par la fuite que le Citoyen raifonnable doit fe foumettre avec patience aux inconvénients néceffaires du Gouvernement fous lequel la naiffance l'a placé. Obligé de fervir la Société dont il eft membre, il le fera par fes forces, par fes confeils, par fes talents ; mais il n'oubliera jamais qu'il lui eft défendu de troubler l'ordre d'un tout dont il n'eft qu'une foible partie.

CE n'eft point à l'ambition, à la vengeance, à la paffion qu'il appartient de réformer les Gouvernements ; c'eft à la raifon calme, à l'expérience, à la volonté tranquille de la Société que ce droit appartient. L'intérêt personnel, presque toujours injuste, n'est pas fait pour décider de l'intérêt général. Ceux qui gouvernent mal, n'ont tort, que parce qu'ils sacrifient le bien public à leurs propres passions; celui qui met le trouble dans sa patrie, sans son aveu, n'est pas moins criminel que celui qui l'opprime. Bien plus, la Société elle-même pour son propre intérêt, doit tolérer les maux dont elle ne connoît pas les remedes: les révolutions & les troubles sont pour elle des maux certains, auxquels elle ne peut recourir que pour se procurer un bien-être assez grand, assez sûr, assez durable pour la dédommager du sacrifice passager de son repos. Une nation toujours agitée, toujours aux prises avec ses chefs, ressemble à ces malades dont l'esprit inquiet redouble continuellement les maux.

§. XXVIII. *Tolérance Sociale.*

L'INDULGENCE, la patience, la tranquillité, sont les effets d'une raison éclairée. Celui qui médite les choses de ce monde, les voit soumises à une Nature qui, par des causes inattendues, par des ressorts cachés, sait tirer la concorde de la discorde, le bonheur du malheur même; le calme du sein des tempêtes. Espérons tout du tems & du progrès des lumieres. A force de tomber l'enfant apprend à se soutenir, à marcher, à éviter les dangers: à force de souffrir de ses erreurs, l'homme devenu plus sage parvient à s'en guérir. Le malheur est le grand maître des hommes: il les oblige tôt-ou-tard à chercher dans la raiſon le remede de leurs peines. S'ils ne peuvent ſe flatter d'élever des monuments éternels, qu'ils cherchent du moins à rendre plus commodes, les demeures paſſageres qu'ils habitent pendant leur courte durée.

O HOMMES! dont la petiteſſe veut embraſſer l'univers! dont l'imagination meſure tout ſur ſes deſirs! ceſſez de prétendre à des ouvrages éternels: ceſſez d'eſpérer que votre ſageſſe cimentera pour jamais l'édifice de vos Gouvernements. Votre prévoyance, votre expérience, votre raiſon ne garantiront point vos foibles établiſſements contre les injures des âges, contre la fureur des révolutions, contre les flambeaux de la diſcorde, contre l'impétuoſité de vos vices & de vos paſſions, contre la diſpoſition ſourde inhérente à votre Nature & qui tend à tout altérer. Vos empires, vos inſtitutions, vos loix paſſeront ainſi que vous. La demeure ſolide qui ſoutient vos pas, ſera quelque jour elle-même le jouet des révolutions de la Nature.

MAIS dira-t-on, ſi les hommes ne ſont point faits pour jouir d'un bonheur permanent, ſi leurs Loix doivent changer, ſi leurs Gouvernements ne peuvent être ſtables, à quoi bon s'occuper de leur faire connoître des maux que la néceſſité rendra toujours indiſpenſables? La ſanté n'eſt point toujours le partage de l'homme; qu'il connoiſſe ſes maux, qu'il en cherche les remêdes, qu'il les applique avec prudence, qu'il ſoit au moins heureux quelques inſtants, s'il ne peut l'être toujours. De ce que l'homme eſt rarement, ſatisfait de ſon ſort, s'enſuit-il donc qu'il ne doit pas ſonger à l'améliorer? De ce qu'il ſe voit tôt-ou-tard deſtiné à mourir, en conclura-t-il qu'il ne doit point travailler à rendre plus heureuſe une vie qui peut lui être à tout moment ravie?

Quelque ſoit ſa forme, le Gouvernement aura toute la bonté & jouira de toute la ſolidité dont les choſes humaines ſont ſuſceptibles, tant qu'il procurera aux hommes la juſtice, la ſûreté, la liberté : tant que nul intérêt particulier ne pourra l'emporter ſur l'intérêt de tous : tant que la Loi ſera plus forte qu'aucune volonté particuliere. C'eſt alors que l'autorité ſera la ſomme des volontés de tous; l'intérêt public ſe confondra avec celui des individus; les forces de l'Etat agiront de concert; elles ſeront dirigées vers le bonheur général, duquel chacun ſentira que le ſien doit réſulter. Alors ſous des Souverains ſoumis aux Loix, la Société ſera contente; elle aura l'activité néceſſaire à ſa conſervation; guidée par des chefs éclairés, elle ſe verra ſervie par des Citoyens magnanimes & vertueux.

SOMMAIRE DU TROISIEME DISCOURS.

DES SOUVERAINS.

§. I. *Définition du Souverain.*

Les Souverains font des Citoyens à qui les Nations ont conféré le droit de les gouverner pour leur propre félicité. Quelque foit la forme d'un Gouvernement, les droits de la Souveraineté, pour être légitimes, doivent être uniquement fondés fur le confentement des Peuples ; tout pouvoir eft effentiellement limité par le but primitif que la Société fe propofe; tendant fans ceffe à fe conferver, à fe maintenir en vigueur, à rendre fon fort agréable, elle ne peut confentir qu'aux moyens qui rempliffent ces vues.

Lorsqu'une Société veut être gouvernée par un feul de fes membres, la Souveraineté réfide en lui; il s'appelle *Roi*, *Monarque* ou *Prince*, & fon Gouvernement fe nomme *Monarchique*. Lorsque la Nation remet pour toujours l'Autorité Souveraine entre les mains d'un certain nombre de Magiftrats, fon Gouvernement fe nomme

Aristocratique. Enfin lorſque le Peuple ſe réſerve à lui-même le Pouvoir Souverain, ou lorſque par des élections il le confie pour un tems limité à des Magiſtrats deſtinés à le repréſenter, le Gouvernement s'appelle *Démocratique* ou *Populaire.*

Celui ou ceux qui gouvernent une Société contre ſon gré, ne peuvent être regardés comme des Souverains; ce ſont des Uſurpateurs. Ceux qui, autoriſés dans l'origine par le conſentement de la Société, la gouvernent d'une maniere contraire à ſa nature, à ſes intentions, à ſon but primitif, ſont des Tyrans. Ainſi quelle différence y a-t-il entre un Souverain, un Uſurpateur & un Tyran? Le Souverain gouverne par le conſentement de ſes Peuples & conformément à leurs vœux. L'Uſurpateur les gouverne ſans leur aveu. Le Tyran les gouverne d'une maniere oppoſée à leur volonté. Le titre du Souverain eſt le conſentement de la Société. Le titre de l'Uſurpateur eſt la violence; le titre du Tyran eſt une volonté injuſte appuyée des forces de la Société qu'il tourne contre elle-même. Il n'eſt de Souverains légitimes, que ceux qui gouvernent les Peuples d'une maniere conforme à leurs volontés naturelles & raiſonnables.

La force ne donne point de droits que la force ne puiſſe anéantir. La volonté d'un ſeul ne peut lier les volontés de tous, que lorſque ceux-ci l'adoptent ou conſentent à s'y conformer. C'eſt donc le conſentement tacite ou déclaré des Peuples, qui ſeul peut établir un rapport entre eux & leurs Souverains; de celui qu'établit la force ne peut naître que de la haine, de l'inimitié & de la répugnance; le Tyran n'a jamais des Sujets, il n'a que des ennemis.

Est-il des liens sociaux entre des ennemis? La Nature de l'homme lui permet-elle de consentir à son malheur ou d'acquiescer à ce qui le prive du bien-être? N'est-il pas de son essence de haïr & de repousser ce qui rend son existence douloureuse ou ce qui menace sa conservation? L'amour de leur existence, le desir de la conserver, la volonté permanente de la rendre heureuse sont donc les seuls liens qui puissent unir les Sujets à leurs Souverains, & les soumettre à leurs ordres. La volonté de la Société se confond & s'identifie avec celle du Souverain, lorsqu'il travaille à son bonheur; elle s'en sépare, dès qu'il s'écarte de ce plan. Le desir du bonheur est le nœud qui rapproche les volontés des Peuples de celles de leurs Chefs; l'aversion du mal les dissout.

Ce seroit renoncer à la raison, que de nier ces principes; ils sont si évidents, que les hommes seront forcés de les reconnoître toutes les fois qu'ils rentreront en eux-mêmes.

S'il n'existe point d'autres liens entre les hommes, que ceux que forment entre eux le besoin, le desir du bonheur, il n'est point de véritable association, à moins que ceux qui y entrent ne consentent de bonne foi à concourir au même plan: il n'est point de force, si les confédérés n'y conspirent. Chaque Société gouvernée doit être considérée comme l'association d'un Peuple avec le Souverain qui le gouverne. Si leurs volontés sont d'accord, la Nation sera heureuse:

ſi leurs volontés ſont diſcordantes, il n'y aura que déſordre & confuſion. Il n'y a de puiſſance, de ſûreté & de félicité pour un Etat, que lorsque la volonté des Sujets concourt avec celle du Souverain.

§. II. *Motifs de la Soumiſſion.*

Les beſoins obligent les hommes à vivre en Société. La Vie Sociale les met plus à portée de les ſatisfaire: en faveur de ces avantages, chaque membre eſt obligé de ſacrifier au bien-être & au maintien du tout, l'exercice illimité de ſa volonté, de ſes forces ou facultés; en un mot, ſon indépendance; il renonce pour ſon propre bien au droit de ſuivre en tout les impulſions de ſes deſirs; ſon intérêt l'engage à ſe laiſſer guider par les volontés du corps dont il eſt membre; ſans celà la Société ne tarderoit point à ſe détruire par le choc continuel de toutes les volontés particulieres. Il faut donc que chaque individu ſoit contenu par une force générale. Il faut qu'il ſoumette ſa volonté propre à celle de la Société: les biens qu'elle procure lui donnent le droit inconteſtable de contenir ou de diriger les paſſions de ſes membres, de preſcrire des bornes à leur liberté, & de les forcer à contribuer à la ſûreté & au bien-être de leurs ſemblables. Mais comment la Société peut-elle exprimer ſa volonté? Comment réunir les vœux de tous les hommes qui la compoſent au point de les réduire à une ſomme totale? Cette volonté ne peut ſe rendre ſenſible qu'en établiſſant une Autorité qui ait le droit de commander à tous & de leur faire exécuter ſes ordres. Celui ou ceux qui sont dépositaires de cette Autorité représentent donc la Société toute entiere; quelque soit la forme de son Gouvernement, c'est d'elle-même que le Souverain emprunte le droit de commander à ses membres; en un mot, ce n'est que de son aveu qu'il peut devenir son organe.

§. III. *De la Puissance Législative.*

C'est par les Loix que le Souverain exprime la volonté générale. Ainsi le pouvoir législatif est de l'essence de la Souveraineté. Lorsque les Loix tendent au bien-être & à la sûreté de la Société, elles doivent être regardées comme l'expression du vœu de tous; mais lorsque le Souverain dans ses Loix ne consulte que ses propres desirs, ses intérêts, ses passions, elles ne sont plus que les expressions de ses volontés particulieres, & ne peuvent plus être appellées celles de la Société: l'opinion, la force & l'habitude peuvent bien la faire plier sous ses ordres; mais jamais la raison ne les regardera comme de vraies Loix; ce nom n'appartient qu'aux volontés qui obligent ou lient la Société; elle ne peut être liée que par des regles conformes au but de l'association; sans celà on seroit réduit à supposer que la Société, en se soumettant à l'Autorité Souveraine, renonce à sa nature & consent à se priver du bonheur.

§. IV. *De la Puissance Exécutrice.*

Vainement la Société donneroit-elle à l'Autorité Souveraine le droit de faire des Loix, si elle ne lui donnoit en même tems la force de les faire exécuter: cette force s'appelle *Puissance Exécutrice.* Elle est la faculté d'employer les forces de la Société pour obliger tous ses membres à suivre ses volontés exprimées par la loi. Les passions des hommes révoltent souvent leurs volontés particulieres contre les volontés générales, pour peu qu'ils les jugent opposées à leurs intérêts présents & personnels. Le bien général ne se montre jamais que dans le lointain, à des êtres souvent égarés par l'ignorance & leurs passions momentanées. Il n'y a que l'expérience, le jugement & la réflexion, en un mot, la raison qui puisse leur faire sentir que leur bien-être réel dépend de la conservation & du bien-être du tout dont ils sont partie. La Loi, est la raison publique opposée à la déraison particuliere. La puissance exécutrice est la force publique qui, dans chaque systême politique, oblige les forces particulieres à se porter vers le centre commun, où réside le bonheur & le maintien du tout. Ces deux pouvoirs réunis constituent la plénitude de la Souveraineté.

§. V. *Des Loix fondamentales.*

INDÉPENDAMMENT des limites générales & naturelles que tous les Souverains sont forcés de respecter dans l'exercice de leur pouvoir, il est des Sociétés qui ont encore imposé des bornes plus particulieres à l'autorité de leurs Chefs. Ceux-ci sont obligés de s'y soumettre, parce qu'elles sont l'expression évidente de la volonté des Peuples. Ces limites connues sous le nom de *Loix fondamentales*, obligent le Souverain à gouverner d'une maniere déterminée, à observer des formes ou regles invariables dans l'adminiſtration de l'Etat, dans la légiſlation, dans l'exécution des Loix, dans l'emploi des forces de l'Etat; elles fixent l'ordre de la ſucceſſion des Souverains, les droits des différentes claſſes des Citoyens, le culte religieux, &c. De quelque nature que ſoient ces Loix, elles ne peuvent être abrogées que par la même autorité qui les a établies; jamais une Société ne peut conférer à ſes Chefs le droit d'éluder ou d'anéantir les expreſſions authentiques de ſes volontés. La volonté qui a fait la Loi, eſt la ſeule qui puiſſe l'abroger.

Les Loix fondamentales ne ſont point les mêmes pour toutes les Nations; elles varient en raiſon des beſoins, des opinions, des mœurs, des uſages, des préjugés ou des lumieres, en un mot, des circonſtances particulieres à chaque Peuple. D'accord ſur le fond, je veux dire ſur le deſir du bonheur, les Sociétés ne ſe ſont point accordées ſur la forme ou ſur les voies que les Souverains ſeroient obligés de ſuivre pour parvenir à ce but: ces limites ont dépendu du plus ou du moins de confiance que les Peuples prenoient en ceux à qui ils déféroient l'Autorité Suprême. Les Nations qui avoient déjà éprouvé les abus inſéparables d'un pouvoir trop étendu, rendues à elles-mêmes, ſongerent à lier plus fortement les mains des Chefs dont la puiſſance pouvoit les opprimer: celles qui avoient éprouvé d'une façon moins douloureuſe les abus de l'autorité, ne ſentirent pas ſi vivement la néceſſité de la contenir; elles ne ſtipulerent point ſi expreſſément avec leurs Monarques. Une Nation belliqueuſe, conſidérant l'incertitude des événements de la guerre, laiſſa communément à ſes Chefs, un pouvoir preſque ſans bornes; elle crut devoir leur permettre de faire tout ce que leurs lumieres & leur prudence pouvoient leur ſuggérer; l'importance de la promptitude & du ſecret dans les réſolutions, fit qu'on les exempta de formes trop longues & trop gênantes, & de l'embarras de conſulter à chaque inſtant la Nation ſur le choix des moyens néceſſaires pour la conduire à ſon but: ainſi on leur laiſſa une autorité plus étendue; en un mot, on les rendit maîtres des détails de l'adminiſtration.

§. VI. *De la Souveraineté héréditaire.*

DES Peuples ſubjugués par la force, ou ſéduits par la reconnoiſſance qu'excitoient en eux les bienfaits de quelques-uns de leurs Souverains, ont tranſmis à leurs deſcendans le droit de régner ſur eux. Telle eſt l'origine de la Souveraineté *Héréditaire*. Par cette diſpoſition la naiſſance ſeule, ſans nouveau choix de la part de la Nation, confere le droit de commander. Les Sociétés où cet uſage ſe maintient du conſentement des Peuples, ſemblent s'être propoſé d'éviter les déſordres auxquels expoſe l'ambition des compétiteurs puiſſants, qui preſque toujours ſe diſputent le droit de régner ſur leurs Concitoyens. C'eſt en effet ce qui arrive communément dans les Nations où le Souverain ne peut être remplacé que par une nouvelle Election. Si dans les Monarchies héréditaires la Nation eſt expoſée à voir ſouvent paſſer les rênes du gouvernement en des mains incapables de les porter, dans les Monarchies électives elle est à chaque changement obligée de payer de son sang les nouveaux maîtres qu'elle se donne.

§. VII. *De la Souveraineté illimitée.*

QUELQUES Nations ont accordé la puissance législative dans toute son étendue à leurs Souverains ; d'autres ont partagé ce pouvoir, se réservant à elles-mêmes ou à leurs Représentans, la faculté de concourir à la Loi, de l'accepter ou de la rejetter, de la modifier ou de la changer, de l'examiner, en un mot, d'en peser les avantages & les désavantages. D'autres Peuples ont réuni dans les mains de leurs Chefs le pouvoir législatif avec celui de faire exécuter les Loix qu'ils auroient faites, ce qui constitue la plénitude de la Souveraineté, ou, si l'on veut, le *pouvoir absolu*. D'autres ont eu la précaution de séparer ces deux pouvoirs, de les remettre en des mains différentes qui pussent se balancer mutuellement pour la sûreté de la liberté nationale. Mais, soit que les Peuples aient, par des Loix expresses, limité le pouvoir de leurs Souverains; soit que les circonstances leur aient fait négliger les limites qu'ils pouvoient leur imposer; ni la force, ni la longueur du tems, ni l'habitude n'ont pu les priver de la faculté de revenir sur leurs pas, & de rectifier, d'après leurs besoins & leurs circonstances actuelles, l'imprudence de leurs démarches antérieures. La Société demeure toujours maîtresse de fixer des regles à ceux qu'elle charge d'exercer son autorité; elle peut toujours leur tracer la maniere dont elle veut être gouvernée ; ce droit réside éternellement en elle ; le tems ne peut point le preſcrire, la force ne peut point l'arracher, l'enthouſiaſme ne peut point l'aliéner.

Si l'on doutoit de cette vérité, que l'on nous diſe pourquoi dans les contrées-mêmes, où les Souverains s'arrogent le pouvoir le plus indépendant, ne ſe diſpenſent-ils jamais en montant ſur le Trône, de s'aſſûrer par quelques formalités de l'obéiſſance & du conſentement de leurs Sujets? Les Deſpotes les plus abſolus, dans leurs démêlés avec leurs concurrents, ne ſont-ils pas forcés d'en appeller en dernier reſſort à la déciſion de ces mêmes Peuples qu'ils ont ſouvent outragés, mais qu'ils reconnoiſſent alors pour les vrais juges de leurs droits?

De quelque maniere que le Pouvoir Souverain ſoit diſtribué, la ſomme totale en eſt toujours illimitée. S'il parle au nom de la Société, dont le pouvoir ne connoît point de bornes, il doit avoir le droit d'employer toutes ſes forces pour faire exécuter ſes volontés par tous ſes membres. Ainſi la plénitude de la Souveraineté confere le droit de forcer tous les Citoyens à ſe conformer aux loix qu'elle a faites ou qu'elle approuve. Obliger les hommes d'obéir à la Loi, c'eſt les obliger d'obéir á la raiſon publique qui ne peut vouloir que ce qui convient à la Nature de la Société & aux circonſtances où elle ſe trouve. Lorſque le Souverain commande conformément à la loi, ſes ordres doivent être abſolus; la Loi doit être Deſpotique, mais le Souverain ne doit jamais être Deſpote. La volonté d'une Société équitable n'eſt point faite pour trouver de réſiſtance dans aucun de ſes membres.

§. VIII.

§. VIII. *Limites naturelles de la Souveraineté.*

Ces principes inconteſtables ſuffiſent pour nous faire connoître l'étendue des droits de la Souveraineté; lorſqu'ils ſont raſſemblés, ils ſont les mêmes que ceux de la Nation entiere. Tant que le Souverain gouverne de ſon aveu, tant qu'il eſt l'organe fidele de ſes volontés, ſes Loix ſont ſacrées pour tous ſes Sujets; lorſque ſes Loix ſont nuiſibles ou contraires au vœu de la Nation, elle a le droit de les démentir, de révoquer ſes pouvoirs & de s'oppoſer à la prévarication. Quelques ſoient les conditions primitives ſous leſquelles une Nation s'eſt ſoumiſe, quelques ſoient les obſtacles qui l'ont empêché de ſtipuler dans l'origine, quelque ſoit la violence qui a étouffé ſa voix par la ſuite, rien ne peut la priver du droit de faire connoître ſes deſirs. La volonté de la Société eſt toujours la loi ſuprême pour le Souverain comme pour le Sujet; elle eſt la meſure invariable du pouvoir de l'un & de l'obéiſſance de l'autre: elle eſt le lien commun qui unit la Nation à ſes Chefs, & ceux-ci à la Nation. Ce lien eſt réciproque; & lorſque le Souverain le briſe, ſes Sujets ne peuvent plus être liés.

Quelqu'ait été l'autorité qu'une Société ait conſenti à mettre ſur ſa tête lorſque ſon choix fut libre, elle ne prétendit jamais ſe ſoumettre à une volonté injuſte, capricieuſe, déraiſonnable, elle voulut être heureuſe: ſi elle ſe priva de l'exercice de ſes droits, ce fut pour les remettre entre des mains qui puſſent l'en faire jouir plus ſûrement; ce fut pour ſimplifier une machine qui, devenue trop compliquée par les efforts oppoſés de chacune de ſes parties, couroit riſque de s'arrêter ou d'être à chaque inſtant dérangée dans ſes mouvements: le bonheur, la ſûreté, la conſervation furent toujours ſon but: en cherchant à mettre ſes membres à couvert de leurs paſſions réciproques, elle n'eut jamais le deſſein de les livrer ſans défenſe à un pouvoir terrible qui, dépoſitaire de toutes ſes forces, devenoit très dangereux. Elle s'engagea à obéir, mais ce fut pour ſon bien, ce fut à des volontés juſtes: ce fut à des loix fondées ſur ſa Nature & conformes à ſon bien-être.

TELLES ſont les conditions invariables de ce pacte primitif que toutes les Sociétés ont fait avec leurs Chefs. Que la flatterie n'appelle point *tacite*, un pacte que la Nature proclame à haute voix; que la Tyrannie ne traite point de chimérique, ce titre primordial des Nations: il eſt gravé pour toujours dans les cœurs de tous les hommes; la raiſon le fait lire à tous ceux qu'elle éclaire: ces archives ſacrées, à couvert des injures des âges, de la violence & de l'impoſture ſe conſerveront éternellement.

§. IX. *Preuves de ces limites.*

SI ce fut une famille qui fournit le modele du Gouvernement Royal, la Société voulut être gouvernée comme une famille: un pere commanda donc à ſes enfants, il s'engagea de les défendre; ſon expérience, ſes lumieres, ſa raiſon plus exercée le mirent à portée de prévoir & de prévenir les périls qui les menaçoient; il dut leur ôter les moyens de ſe nuire; il dut les exciter à la bienveillance, récompenser leurs vertus, & punir leurs excès. En un mot, la Nation en se soumettant à un Roi, voulut être administrée sur le plan œconomique d'une famille heureuse, objet de la tendresse & des soins de son Chef.

Si les Nations éprises des vertus, frappées des talents, reconnoissantes des bienfaits de quelques-uns de leurs Citoyens, leur ont volontairement déféré le Pouvoir Souverain, cet acte ne prouve-t-il pas que ce fut à la vertu qu'elles rendirent hommage, que ce fut à la raison qu'elles voulurent se soumettre, que ce fut à la bienfaisance qu'elles desirerent de s'enchaîner? Si dans la chaleur de l'enthousiasme, elles ne stipulerent point expressément des conditions avec leurs Maîtres, dira-t-on que les successeurs de ceux qu'elles avoient choisis pour leurs vertus ou leurs lumieres, furent dispensés d'en montrer aucunes? La bonté des premiers seroit-elle devenue aux autres un titre pour nuire ou pour être inutiles?

Quand l'espoir d'être protégé rassembla des hommes timides sous les ordres d'un Chef vaillant, expérimenté, ces qualités lui donnerent-elles le droit d'opprimer ses semblables? La Société voulut-elle que ceux qu'elle choisissoit pour sa défense, devinssent ses oppresseurs, & lui fissent éprouver les maux dont elle vouloit se garantir? Fallut-il qu'elle imposât la loi de la protéger, à des hommes que le motif de sa propre sûreté l'engageoit à prendre pour Chefs & que leurs talents lui rendoient nécessaires?

Quand les Peuples reçurent des Loix de ces

perſonnages fameux qui leur parlerent au nom de la Divinité, ils crurent, ſans doute, que ces légiſlateurs illuminés alloient les rendre plus heureux; ils préſumerent que des Loix deſcendues du ciel, ſeroient plus ſages que celles des hommes & ne pouvoient manquer de les conduire à la félicité. On ne put pas, ſans outrager la Divinité, dire à ces Peuples qu'elle prétendoit que les Souverains euſſent le droit de les rendre malheureux ou de les gouverner d'une façon injuſte & tyrannique. Quelqu'origine que l'on donne à l'Autorité Souveraine, ſoit qu'on la ſuppoſe émanée du Ciel, ſoit qu'on la regarde comme fondée ſur le conſentement des hommes, elle dut avoir toujours l'équité pour baſe & le bien de la Société pour objet. Si les Nations ne firent aucun traité avec les Maîtres que la Providence étoit cenſée leur donner, c'eſt parce qu'elles préſumerent qu'un Souverain du choix de Dieu-même, ne pouvoit les gouverner qu'avec juſtice & pour leur plus grand bien.

§. X. *Objections levées.*

On nous dira peut-être que la plupart des Gouvernements ſe ſont établis par la violence, par les armes, par la conquête; que les Nations, ſubjuguées par des guerriers ou par des brigands heureux, ont été forcées de recevoir des Loix telles qu'ils voulurent les impoſer; que contents de ſauver leurs vies & une partie de leurs biens, ces Peuples renoncerent à leur liberté, à leur volonté, à leurs Loix, & ne purent propoſer des conditions à des vainqueurs farouches, peu diſpoſés à y ſouſcrire & aſſez puiſſants pour ſe faire obéir, quelque fût leur volonté. L'on ne peut nier que la force, la guerre & le désordre n'aient établi la plupart des Empires que nous voyons sur la terre; mais ces excès purent-ils jamais donner des titres légitimes? Le droit de conquête, sur lequel tant de Souverains fondent leur pouvoir absolu, est-il donc un droit mieux fondé, que celui des voleurs & des assassins? Si les Loix de la Nature sont méconnues ou réduites au silence dans le tumulte de la conquête, elles ne sont pour cela ni suspendues ni abrogées. Le pouvoir n'est légitime, que par le consentement subséquent de la Société subjuguée. Le conquérant devenu le maître commande-t-il toujours à des ennemis? Oui, dira-t-on peut-être; mais dans ce cas les Peuples n'ont-ils point le droit de le traiter en ennemi, de se défendre contre lui, de le détruire lui-même? Commande-t-il à des Sujets? Il doit les rendre heureux. Si la conquête est un titre, la violence en est un, sans doute, & la force seule décidera du sort des Nations. Mais quel homme peut se flatter d'être toujours plus fort qu'une Nation entiere? Quel vainqueur résistera à l'adresse, à la ruse qui suppléent si souvent à la puissance? Si la conquête ainsi que l'usurpation, donnent des droits, ils demeurent incertains dans l'esprit même du Conquérant; la fureur de la conquête une fois calmée, s'il consulte son propre intérêt, il sentira qu'il commande à une Société toujours plus forte que lui, & qui ne peut renoncer à l'usage de son pouvoir & de ses droits Naturels, qu'en faveur des avantages qu'elle attend de sa soumission. La force ne donne jamais des droits que la force ou la ruse ne puissent également détruire.

§. XI. *Le Consentement de la Nation fait le Souverain légitime.*

Ainsi de quelque source que l'on fasse dériver le pouvoir primitif des Souverains, il n'y eut que le consentement de la Société qui pût le rendre légitime; elle ne l'accorda jamais gratuitement; ce fut toujours pour son bien qu'elle renonça à son indépendance, à l'inimitié qu'elle dut avoir d'abord pour son aggresseur. Le devoir & l'intérêt de ses Chefs fut de la rendre heureuse. Soit que les Nations aient fixé par des Loix connues les bornes du pouvoir de leurs chefs, soit que leur foiblesse les ait empêché de régler par des actes authentiques les droits qu'elles leur abandonnoient & ceux qu'elles réservoient pour elles-mêmes, jamais elles ne purent déroger aux Loix de leur Nature; jamais elles ne purent dispenser leurs Souverains des Loix de l'équité; jamais elles ne purent renoncer au bonheur, penchant le plus nécessaire de tous les êtres intelligents. Que dis-je? Si quelquefois dans la chaleur des passions, des Peuples avoient renoncé par des actes solemnels aux droits de leur Nature; si par un excès d'amour ou de confiance; ils avoient conféré à leurs Monarques le pouvoir le plus illimité, ces démarches dictées par la ferveur de l'enthousiasme ne peuvent donner au Souverain le droit de les opprimer; jamais des êtres raisonnables n'ont pu ni voulu accorder à leurs Chefs, la faculté de les rendre misérables.

§. XII. *De la Théocratie.*

Si la Nature, l'équité, la religion s'opposent à l'abus du pouvoir; si le bon sens réclame hautement en faveur des Nations, quel orgueil assez insensé dans leurs Chefs a pu leur persuader que les Peuples une fois soumis avoient perdu le droit de jamais exprimer leurs volontés? Quelle présomption a pu faire croire à un foible mortel qu'il avoit assez de vertus, de talens, de génie pour gouverner par sa volonté absolue des Peuples nombreux, pour veiller aux besoins d'une Nation étendue, pour donner des Loix toujours utiles & infaillibles à ses Sujets? Quelle yvresse a pu les empêcher d'entendre la voix de la Nature & de la raison qui leur annoncent que leurs engagements avec les Peuples sont réciproques, & qu'en refusant de les remplir, ils invitoient ces Peuples à y manquer à leur tour.

CEPENDANT des vérités si sensibles ont été presque toujours méconnues, & des Souverains, & des Peuples. Si les premiers se sont crus en droit d'abuser de leur pouvoir, leurs Sujets, par un étrange aveuglement, sont parvenus à se persuader que tout étoit permis à leurs Chefs, & qu'en se soumettant à eux, il ne leur restoit pas même le droit de se plaindre de leurs injustices les plus criantes & de leur tyrannie la plus avérée. Par quels prestiges, des Nations entieres ont-elles pu s'avilir au point de croire qu'elles étoient faites pour être les jouets des passions de leurs Souverains? Comment ont-elles adopté des notions si contraires à leurs intérêts? Il n'est qu'une cause dans le monde capable de produire des effets si bizarres; c'est la superstition, toujours en contradiction avec la Nature. Elle forma les Dieux sur le modele des Monarques corrompus, elle transforma ensuite ces Monarques en Dieux. Dans presque toutes les contrées du monde, le sacerdoce occupa le trône. Les Ministres de la Divinité partagerent avec elle, les hommages & les respects de la terre. Représentans visibles des êtres invisibles, de qui les mortels faisoient dépendre leurs destinées, il fut un tems où les Prêtres furent dans tous les climats les Souverains, les Législateurs & les Oracles des Nations. Ce Gouvernement sacerdotal fut nommé *Théocratie*. Les Dieux furent censés gouverner eux-mêmes, tant que leurs ministres régnerent sur les hommes.

§. XIII. *Abus de ce Gouvernement.*

PAR une suite nécessaire d'un pouvoir illimité, le sacerdoce en abusa. Endormi au sein de la mollesse, de la grandeur, de l'opulence, il fut obligé de souffrir que l'ambition des guerriers ou la volonté des Peuples arrachât de ses mains un pouvoir devenu trop indolent ou trop incommode. Des Nations belliqueuses ne purent longtems s'accommoder de Souverains que leurs fonctions paisibles, leur inactivité, leur inexpérience éloignoient des combats; il leur fallut des Chefs plus agissants, elles choisirent donc de nouveaux Rois. Obligé de céder à la force & dépouillé de la puissance suprême, le Sacerdoce voulut au moins retenir une portion de l'autorité & de l'indépendance dont il avoit joui. Tantôt il intimida, tantôt il flatta les Souverains. Presque toujours il osa tout impunément. Cet ordre, respecté par les Peuples, en imposa à leurs Chefs. En un mot, soit par audace, soit par ruse, il prit de l'ascendant sur les Princes. Il excita leur orgueil, il alimenta leur ambition, il travailla sur-tout à rendre leur autorité sacrée, à condition néanmoins de la partager avec eux. Parvenu à ses fins, il persuada aux Peuples que le pouvoir que leurs Chefs tenoient, soit de la force, soit du consentement des hommes, étoit une émanation de la puissance suprême qui gouverne l'univers. Ainsi les droits des Souverains se changerent en des *Droits divins;* leur autorité fut irrévocable, & leurs actions furent soustraites au tribunal des Nations: ces Nations aveuglées adopterent ces idées surnaturelles & sur la foi de leurs guides religieux, eurent pour leurs Chefs une vénération aussi profonde, une soumission aussi peu raisonnée que pour les Dieux dont elles les crurent les images. Ainsi les Rois devinrent des Dieux, ils ne furent plus comptables de leurs actions à leurs Sujets: la Société dégradée, avilie, anéantie, perdit tous ses droits; elle fut éclipsée par la majesté du trône: soumise sans réserve aux volontés de ses Maîtres les plus déraisonnables, elle se crut destinée par le ciel à ne travailler que pour eux: elle se persuada que l'oisiveté, le faste, la licence, le droit d'opprimer & d'être injuste étoient leur partage; & que le travail, l'abjection & l'esclavage étoient le sort réservé pour elle-même; elle vit le Très-Haut dans ses Tyrans les plus pervers; elle n'osa plus lever sur eux ses regards, & prosternée dans la poussiere, elle attendit leurs decrets en silence.

Telle fut la vraie source de la corruption des Rois & de l'avilissement des Peuples. Le Souverain fut tout, sa Nation ne fut plus rien:

la volonté publique disparut, celle d'un seul devint la Loi. Ainsi naquirent le Despotisme, le Pouvoir arbitraire & la Tyrannie: en un mot, le Gouvernement dégénéra en un abus honteux du pouvoir, contre lequel les Nations subjuguées n'eurent plus la liberté de réclamer. La Royauté devint un mystere. Un seul homme dans chaque Société fut l'objet des soins, des travaux, des regards de tous; ses caprices furent appellés des Loix; sa force lui tint lieu de droits; la foiblesse & la lâcheté des Peuples passerent pour des consentemens; & sur les ruines de la félicité publique, on érigea un trône aux passions, aux fantaisies, à l'orgueil du Monarque divinisé.

§. XIV. *La Licence ne peut être autorisée par la Divinité.*

En supposant la vérité des principes merveilleux sur lesquels se fondent ces prétentions fastueuses: en consentant pour un moment à regarder les Rois comme les images de la Divinité, que pourra-t-on en conclure? Sera-ce des Dieux méchants, cruels, injustes, malfaisants, en un mot, des Démons qu'ils devront représenter? S'il est un lien secret qui unisse les créatures au Créateur, c'est, sans doute, l'espérance des biens qu'elles en attendent. S'il existe une Providence occupée des mortels, si elle leur a donné des Loix, si Dieu lui-même s'est soumis à des devoirs, à des regles envers l'homme, Dieu est lié par ses promesses, il doit des récompenses pour les vertus qu'il ordonne; il ne peut punir que ceux qui violent ses décrets. La bonté, la justice divine sont les seuls liens qui unissent l'homme à ſon Dieu. Mais ſi tout eſt permis aux Monarques, s'ils ne doivent rien à leurs Sujets, s'ils ſont diſpenſés des Loix de l'équité, de la raiſon, de la bienfaiſance, ne ſe mettent-ils pas au-deſſus de la Divinité-même qu'ils diſent repréſenter ?

Ainsi, même en accordant une origine céleſte à l'Autorité Souveraine, dès que l'on ſuppoſe dans le Monarque de la Nature, bonté, juſtice & raiſon, l'on eſt en droit d'exiger ces qualités de ceux qui ſe vantent de tenir leur pouvoir de ſes mains. Dira-t-on qu'un Dieu que l'on appelle bon, parce qu'on lui ſuppoſe de la tendreſſe pour les hommes, veut être repréſenté ſous les traits d'un Tyran ? Peut-il approuver qu'un homme, lorſque ſes paſſions le changent en une bête féroce, ait le droit excluſif de dévorer ſes ſemblables ? Ce Dieu conſent-il qu'un mortel, qui réellement ne differe en rien des autres, viole ſuivant ſes caprices les Loix qui maintiennent l'exiſtence de ſes créatures ? A-t-il réſolu dans ſes décrets éternels qu'un ſeul membre de chaque Société profitât du travail de tous les autres, ne s'occupât que de ſon propre bonheur, & rendît à ſon gré le plus grand nombre malheureux ? Les miniſtres de la Religion ſont en contradiction avec leurs propres principes, lorſqu'ils s'efforcent de rendre ſacrée, l'autorité des Tyrans, & de mettre leur perſonne ſous la ſauve-garde du ciel.

§. XV. *Du Droit Divin.*

Ceux qui fondent le pouvoir des Rois ſur la volonté divine, ou qui affectent de paroître le plus persuadés des *Droits divins* de leurs Souverains, ne laissent pas de contredire par leur conduite ces spéculations merveilleuses. N'est-ce pas en effet un attentat sacrilege, une contradiction évidente, que de suspendre l'obéissance à des ordres émanés d'un maître établi par la Divinité même? N'y a-t-il pas de la témérité à résister à un Monarque qui est l'image du Très-Haut? La soumission la plus abjecte & la moins raisonnée devroit être la suite nécessaire d'un principe si merveilleux; les vils esclaves de l'Asie qui, sans murmure, se soumettent aux fantaisies de leurs Sultans Despotiques, & qui reçoivent avec joie la mort même de leurs mains, sont, sans doute, plus conséquents, que des Prêtres Européens qui, convaincus du droit divin de leurs Monarques, ne laissent pas de résister à leurs ordres, ou que des Magistrats qui ont la témérité de leur faire des représentations?

Le bon sens nous prouvera toujours que, de quelque maniere que le Gouvernement se soit établi, les Souverains demeurent soumis à des regles suffisamment indiquées par l'intérêt de la Société qui doit être pour eux la Loi suprême: il ne leur est point permis de substituer leurs volontés à cette Loi, ni leur intérêt personnel à l'intérêt général. Ainsi tout conspire à montrer que le pouvoir absolu est un délire; que le Despotisme & la Tyrannie, ainsi que l'Anarchie, ne peuvent être appellés des Gouvernements; que les Despotes & les Tyrans, sont des usurpateurs, des voleurs, des brigands. Tout Gouvernement suppose des rapports entre celui qui gouverne & ceux qui sont gouvernés; les devoirs des uns & des autres sont les résultats de ces rapports expliqués par les Loix, qui ſeules conferent des droits, parce qu'elles ſont l'expreſſion de la volonté de tous: or tous veulent l'ordre, parce que c'eſt de l'ordre que réſulte le bonheur; un pouvoir ſans bornes ne peut être qu'un déſordre.

§. XVI. *La poſſeſſion ne peut légitimer l'abus du Pouvoir.*

VAINEMENT les fauteurs du pouvoir arbitraire fondroient-ils leurs droits ſur une poſſeſſion antique & non interrompue, ſur le ſilence des Peuples, ſur un exercice non diſputé pendant un grand nombre de ſiecles; ſur des prérogatives accordées par le corps même de la Nation : la violence, l'oppreſſion, la crainte, la crédulité, les préjugés, l'imprudence parviennent ſouvent à engourdir les Peuples, à faſciner leur entendement, à briſer en eux le reſſort de la Nature. L'ignorance rendra toujours les hommes lâches, eſclaves & malheureux. Mais lorſque des circonſtances favorables ouvrent les yeux des Peuples, lorſqu'ils entendent la voix de la raiſon, que dis-je? lorſque la néceſſité les force de ſortir de leur léthargie, ils rougiſſent de leurs foibleſſes & de leur aveuglement. Ils voient alors que les droits prétendus de leurs Tyrans ne ſont que des effets de l'injuſtice, de la force, de la ſéduction, qui jamais n'ont pu détruire les droits éternels de l'homme. C'eſt alors que les Nations rappellées à leur dignité, ſe ſouviennent que ce ſont elles-mêmes qui ont établi l'autorité : qu'elles ne ſe ſont ſoumiſes que pour ſe rendre plus heureuſes: que la Loi n'eſt faite que pour repréſenter leurs volontés, & que lorſque le pouvoir ſouverain s'écarte de leur plan, elles rentrent dans leur indépendance primitive & peuvent révoquer des pouvoirs dont on abuſe indignement.

En un mot, ſi, comme on n'en peut douter, l'Autorité Souveraine n'a réellement pour baſe que le conſentement des Peuples, les Peuples n'ont jamais pu conſentir qu'un ſeul ou que pluſieurs Citoyens euſſent irrévocablement le droit de rendre tous les autres malheureux. Si l'Autorité Souveraine ſe fonde ſur la conquête, c'eſt-à-dire ſur une force injuſte, tout Citoyen audacieux pourroit légitimement s'en emparer, ou tout Citoyen courageux ſeroit en droit de la détruire dès qu'il en auroit le moyen. Si cette autorité eſt émanée d'un Dieu juſte, & qui veut le bien-être des hommes, ce n'eſt qu'en exerçant la justice & en procurant des avantages à la Société, que les Souverains entreront dans ſes vues; en la rendant malheureuſe ils établiroient leur pouvoir ſur la volonté d'un être malfaiſant qui ſe plairoit à voir les humains dans l'infortune & à jouir de leurs douleurs, diſpoſitions que, ſans blaſphême on ne peut attribuer à la Divinité, dans laquelle on ne doit ſuppoſer ni malice ni cruauté.

§. XVII. *Nation repréſentée.*

Ainsi, ſoit que le conſentement des Peuples, ſoit que la conquête, ſoit que la Divinité aient établi le pouvoir d'un Souverain, ſoit que les Nations lui aient accordé la plus grande étendue, ſoit qu'elles l'aient reſſerré par des Loix expreſſes, il reſte toujours dans le corps de la Nation, une volonté ſuprême, un caractere indélébile, un droit inaliénable, un droit antérieur à tous les autres droits. Mais, dira-t-on, qu'eſt-ce que la Nation? C'eſt le plus grand nombre des individus qui compoſent une Société. Comment réuniront-ils leurs volontés pour exprimer leurs intentions? Ce ſera par ſes *Repréſentans*; ſi elle n'en a point, ſes volontés n'en ſeront pas moins ſenſibles aux yeux de tout bon citoyen: ſi la Nation eſt gouvernée avec juſtice, ſi elle jouit de la ſûreté, ſi ſes terres ſont bien cultivées, ſi les poſſeſſions ſont invariablement aſſûrées à leurs propriétaires, ſi la Loi ſeule a droit de punir & de borner la liberté; ſi les beſoins naturels du plus grand nombre ſont ſatisfaits, les vœux de la Société ſont remplis, elle n'a rien de plus à prétendre. Le plus grand nombre eſt-il privé des avantages de la Nature? La perſonne & les poſſeſſions des Citoyens ſont-elles à la merci de l'injuſtice & de l'oppreſſion? Vivent-ils dans l'indigence & la miſere? Leurs champs ſont-ils incultes & abandonnés? Le Gouvernement néglige-t-il de les protéger? alors la Société malheureuſe dans le plus grand nombre de ſes membres, eſt évidemment mécontente; il ſuffit donc d'ouvrir les yeux pour juger de ſon vœu: elle ne peut approuver un état violent & contraire au but de l'aſſociation, alors ſi le Souverain refuſe de l'entendre ou de remédier à ſes peines, il ne mérite plus de commander; s'il eſt privé de ſon pouvoir, la Société lui rend juſtice; elle ne fait qu'uſer de ſes droits, antérieurs à ceux des Chefs qu'elle avoit choiſis pour la guider vers le bonheur.

§. XVIII. *Danger des troubles.*

La Société est dans un état de maladie, lorsqu'elle est mal gouvernée; elle est alors en droit de chercher des remedes; mais pour son intérêt, elle ne doit recourir qu'à ceux qui ne sont point nuisibles à elle-même. En Politique comme en médecine, les remedes violents sont toujours dangereux; on ne doit les employer que lorsque l'excès des maux les rendent absolument nécessaires. Il est donc à propos de temporiser avec le mal, tant qu'il est supportable, de laisser quelque chose à faire au tems & à la Nature. L'expérience nous montre en effet que rien n'est plus funeste que les remedes que l'imprudence, la précipitation ou la passion appliquent trop communément aux maux des Nations. Les Etats périssent souvent des ébranlements trop vifs que leur donnent les crises dont ils espéroient le retour de la santé. Un Peuple doit supporter ses maux toutes les fois qu'il lui en coûteroit trop de sang pour les guérir. Il est sage de vivre avec des infirmités que l'on ne pourroit détruire sans accélerer sa propre destruction. Une Nation, comme un individu, a reçu de la Nature le droit inaliénable de se défendre contre un ennemi; elle peut, sans doute, se soulever contre le Tyran qui l'opprime; mais tous deux sont imprudents & aveugles, lorsque, pour se défaire de l'ennemi, ils s'exposent à se priver de la vie. Il faut consentir à souffrir, dès qu'il peut résulter de plus grands inconvénients du remede, que du mal même.

Ces vérités sont senties par instinct dans presque toutes les Sociétés: malgré leur amour du bien-

bien-être & leur répugnance pour le mal, la crainte de plus grands maux les retient dans l'inertie. Si la raison guidoit les hommes, si les volontés des Citoyens pouvoient se réunir, si l'enthousiasme politique ne les aveugloit souvent, rien ne seroit plus facile que d'écarter les maux à mesure que la Société les ressent; mais ce sont toujours des passions qui s'opposent à des passions. Dès que l'imagination se peint & s'exagere ses malheurs, les hommes se réveillent comme en sursaut; leur fureur allumée ne connoît point de bornes, & dans leur aveuglement ils ne font souvent que redoubler le poids de leurs infortunes. Ainsi la Tyrannie succede à la Tyrannie, le Despotisme passager est suivi de l'Anarchie ou d'un Despotisme encore plus cruel. Un Sultan étranglé aura pour successeur un Sultan encore plus digne de l'être. Charles I. perd le trône & la vie pour expier des fautes exagérées par des fanatiques; l'Angleterre tombe dans les fers d'un hypocrite ambitieux qui, sous prétexte de la protéger, se sert des fureurs d'un petit nombre d'insensés pour établir sans obstacle sa propre Tyrannie.

Dans les révolutions, les hommes guidés par la fureur ne consultent jamais la raison; leur imagination exaltée fait qu'ils portent tout à l'excès, & n'envisagent que le moment. Aveuglés par des ambitieux, par des fanatiques ou par des charlatans politiques, pour guérir un mal léger que la raison eût montré nécessaire, ou que le tems eût aisément fait disparoître, les Peuples se font souvent des plaies profondes qui finissent par entraîner la ruine du Corps Politique ou par l'affoiblir sans fruit.

Il n'en feroit pas de même, fi la Société étoit affez éclairée ou de fang froid, pour travailler avec prudence à fa guérifon, ou fi guidée par des hommes vertueux, elle cherchoit les remedes les plus convenables à fes maux: fans tumulte, elle réprimeroit alors des Chefs devenus injuftes; elle établiroit fa fûreté; elle rentreroit en poffeffion du pouvoir dont on auroit abufé contre elle & qu'elle n'eût pas fongé à reprendre, fi en temporifant elle n'eût mis fon exiftence en danger.

§. XIX. *La Société eft toujours maîtreffe de la Souveraineté.*

Si la Nation feule a droit de conférer le pouvoir fuprême, elle feule a droit de le reprendre. Le Citoyen eft un ufurpateur, dès qu'il veut juger pour elle. Si c'eft un crime d'ôter la vie à fon femblable, c'eft un attentat bien plus criminel encore, d'arracher la vie à ceux qui gouvernent; c'eft une témérité facrilege, d'expofer une Nation par une vengeance qu'elle n'a point avouée, à des maux fouvent plus cruels que ceux qu'elle éprouve. Le Citoyen doit fupporter avec la Patrie les maux qu'elle éprouve en filence & facrifier à fon repos ceux qu'il endure tout feul. Il doit ou fuir ou refter tranquille, tant qu'il eft feul à fe plaindre: il doit fe joindre à tous lorfque tous fe plaignent.

Il eft, fans doute, honteux pour le genre humain d'avoir prefque toujours méconnu des vérités fi frappantes. C'eft à cet aveuglement que l'on peut attribuer une foule de maux que les Gouvernements ont faits aux hommes. Les Souverains des Nations, destinés par elles à les conserver, à les maintenir dans une existence heureuse, ont communément employé les forces qu'elles leur avoient confiées, pour les priver de la liberté, de la propriété, de l'usage de la raison, & les soumettre à des Loix qui n'étoient plus l'expression que des caprices & des fantaisies de ceux qui, sans aucun droit, les imposoient aux hommes. Delà naquirent l'esclavage & ces abus continués dont des Chefs ambitieux surent se faire des titres que la force contraignit les Nations de reconnoître en frémissant.

MAIS les principes qui viennent d'être établis suffiront pour distinguer les titres légitimes des titres usurpés, ou pour apprécier les droits des Souverains. Ils sont toujours les mêmes en tout pays, sous quelque nom que l'on désigne les Chefs de la Société: les noms ne changent rien à l'essence des choses.

AINSI qu'est-ce qu'un Monarque? C'est un homme à qui sa Nation suppose les vertus, les talents, les qualités nécessaires pour lui procurer les avantages qu'elle est en droit d'exiger. Un Roi est un Citoyen choisi par ses Concitoyens pour parler & pour agir au nom de tous, pour être l'organe & l'exécuteur des volontés de tous, pour être le dépositaire du pouvoir de tous. Suivant les conditions expresses que les Nations leur ont imposées, les Rois les représentent en tout ou en partie. Lorsque leur pouvoir n'a point été limité, c'est-à-dire, quand la Nation ne s'est point expressément réservé quelque part dans la législation, l'autorité que le Monarque exerce peut être nommée *absolue*. Mais lorsque la Nation par des conventions connues a stipulé avec son Monarque ou s'est réservé par des actes authentiques l'exercice d'une portion du pouvoir, la Souveraineté se nomme Monarchie *Mixte*, *Limitée*, *Tempérée*. Dans l'un & l'autre de ces cas, le pouvoir du Monarque n'a pourtant dans la réalité que la même étendue. L'omission d'une formalité ne peut anéantir à jamais les droits de la Société. Aux yeux de l'équité, les Monarques à qui les Peuples n'ont imposé aucunes conditions, ne sont pas plus en droit de les opprimer ou de leur nuire, que ceux dont ils ont le plus soigneusement limité l'autorité.

§. XX. *Questions Naturelles.*

Un grand nombre d'Auteurs trompés par le son des mots, ou dans la vue de flatter, ont cru que le titre de *Monarque absolu* annonçoit un pouvoir qui ne connoissoit d'autres bornes, que celles de sa propre volonté. Cette erreur propagée par l'intérêt des Courtisans, par l'ambition des Ministres, a fait de la plupart des Rois, des êtres divins, mystérieux, inconcevables, dont les Nations aveuglées ne se sont plus permis d'examiner les droits. Subjuguées par la force, par l'habitude & par l'opinion, elles se sont cru engagées à subir sans murmure le joug le plus accablant, le plus révoltant, le plus contraire à leur Nature, le plus opposé au but de toute association.

Ces idées, comme on l'a vu, ont ouvert un champ sans bornes aux passions des Rois, qui, par une pente naturelle à tous les hommes, s'occuperent uniquement de se rendre puissants, riches & heureux, & sacrifierent à l'agrandissement de leur pouvoir, le bonheur des Nations confiées à leurs soins. Ainsi les Sociétés ne trouverent souvent, que des ennemis & des oppresseurs dans ceux qu'elles avoient choisis pour être leurs défenseurs, leurs guides, & leurs peres; elles oublierent qu'elles ont une volonté; l'inhabitude de l'exprimer, en étouffa le ressort; & d'âges en âges une race de mortels malheureux transmit à sa postérité, ses infortunes & ses préjugés.

POUR détruire des erreurs dont les suites sont si funestes au genre humain, il suffit de rapprocher, en peu de mots, les principes qui viennent d'être établis. Simplifions-les encore, & que le bon sens résolve les problêmes qui vont être proposés.

1°. UN Roi cesse-t-il d'être un homme? Du moment qu'il est revêtu de la Puissance Souveraine, passe-t-il à une espece nouvelle? Devient-il un être d'un ordre plus sublime? Son rang le dispense-t-il des devoirs de la Nature Humaine?

2°. Y EUT-IL des Sociétés avant qu'il y eût des Monarques? Peut-il y avoir des Rois, sans qu'il existe des Nations? Un Souverain n'est-il pas membre de la Société qu'il gouverne? Est-il seul destiné à recueillir les fruits de l'association générale?

3°. LE tout doit-il céder à sa partie? La volonté d'un ſeul doit-elle l'emporter ſur les volontés de tous? Eſt-il dans chaque Société, un être privilégié qui ſoit diſpenſé d'être utile? Le Souverain eſt-il ſeul dégagé des liens qui uniſſent tous les autres? Un homme peut-il lier tous les autres, ſans leur tenir lui-même par aucun lien?

4°. En ſuppoſant l'Autorité Souveraine émanée de la Divinité, peut-on croire qu'un Dieu juſte ait deſtiné des millions d'êtres de la même eſpece, à contribuer gratuitement au bonheur d'un ſeul d'entre eux? Le Ciel auroit-il condamné tous les Peuples de la terre au travail, à l'indigence, aux larmes, pour repaître la vanité, les fantaiſies, l'ambition d'un petit nombre d'hommes ou de familles qui les gouvernent?

5°. De quelle Nature peut être cette vertu divine communiquée aux Monarques, qui rend leur autorité irrévocable même aux yeux de ceux qui l'ont conférée? Le Droit *Divin* prive-t-il une Nation du droit Naturel de ſe défendre, de ſe conſerver, de repouſſer tout ennemi qui l'attaque? Dieu donne-t-il au Souverain, le droit excluſif de l'offenſer impunément? Ote-t-il aux Nations le droit de veiller à leur ſûreté & de ſe garantir de leur perte?

6°. La poſſeſſion d'un pouvoir injuſte dans ſon origine, maintenu par la force, ſupporté par la foibleſſe, eſt-elle un titre que la juſtice, la raiſon & la force ne puiſſent jamais détruire?

7°. N'est-ce que pour commander, que les Monarques ſont faits? N'eſt-ce que pour obéir, que leurs Sujets ſont deſtinés? N'eſt-ce en vue d'aucun profit, que les hommes ont renonçé à l'usage d'une partie de leur liberté, de leur propriété, de leurs forces? En se soumettant à l'un d'entre eux, ont-ils prétendu s'interdire à jamais tous les moyens légitimes de travailler à leur propre bonheur? Ont-ils voulu conférer à quelqu'un le droit de les rendre malheureux sans ressource?

8°. ENFIN supposera-t-on qu'une Nation ait prétendu que son sort dépendît du caprice d'un seul homme qui, par ses passions, ses foiblesses ou ses folies, pût à chaque instant la conduire à sa ruine, sans que jamais il lui fût permis de mettre obstacle à ses projets?

§. XXI. *Le pouvoir arbitraire est contre Nature.*

C'EST à des questions si simples, que peuvent se réduire toutes les disputes sur les droits réciproques des Souverains & des Sujets. Lorsque les préjugés permettront à l'équité de se faire entendre, elle décidera sans balancer que la Société n'a pu choisir des Rois, ou consentir à se soumettre à une autorité quelconque, que dans la vue de se procurer par là des avantages qu'elle n'auroit pu obtenir autrement. Le bon sens nous criera qu'une Nation n'a jamais pu vouloir qu'un seul de ses membres fût heureux aux dépens de tous les autres. La voix de la Nature réclamera sans cesse pour les Peuples, lorsqu'une injuste oppression les retiendra sous un joug auquel la Nature Humaine ne peut pas consentir.

S'IL n'est point d'autorité légitime sans le

consentement des Peuples; si les Nations ne peuvent se soumettre qu'à des loix conformes à leur Nature; enfin si la Société ne peut renoncer à son bien-être, il suit qu'elle ne peut acquiescer à l'oppression, sous quelque forme qu'elle se montre: il suit qu'elle peut reprendre ses droits & se servir de la force pour repousser la force qui l'accable: les nœuds qui l'unissent à ses Chefs, ne peuvent être que conditionnels; dès qu'ils les rompent, ils sont brisés pour elle. Quels titres, quelles conventions, quels pactes pourroient la priver pour toujours de la faculté de se conserver?

Le Pouvoir Souverain n'est plus que la guerre d'un seul contre tous, dès que le Monarque franchit les bornes que lui prescrit le vœu des Peuples; son autorité ne subsiste qu'autant que la force les oblige de plier. Ainsi le Pouvoir *Arbitraire* est un pouvoir contre Nature, incapable d'assûrer ni l'autorité du Souverain, ni la tranquillité des Sujets: il seroit insensé qu'il fût approuvé par les Nations qui ne peuvent sans folie supposer dans tous ceux qui les gouvernent, la volonté ou la capacité de travailler à leur bonheur. L'exercice en seroit injuste, en ce qu'une volonté unique s'arrogeroit le droit de contredire toutes les autres. Elle seroit une tyrannie & une usurpation, en ce qu'elle priveroit les hommes par la force, des droits essentiels & sacrés dont ils ne peuvent être dépouillés. Un pouvoir de cette espece n'est plus un Gouvernement; c'est un abus, un brigandage, un désordre. Pour être Souverain absolu, il faudroit être souverainement sage; si la sagesse des Princes a des limites; si leurs lumieres sont bornées; si ceux qui les conseillent sont sujets à se tromper, il faut que leur pouvoir reconnoisse des bornes. Vouloir avec des forces & des connoissances limitées, exercer un pouvoir illimité, c'est prétendre follement s'élever au dessus de la Nature Humaine.

§. XXII. *De la vraie Souveraineté.*

Il n'y a qu'une Souveraineté soumise aux loix de l'équité, que l'on puisse regarder comme un Gouvernement approuvé par un Peuple. L'administration est alors à l'abri des factions que la diversité des intérêts fait naître très souvent dans les Nations, où plusieurs partagent l'autorité. Le Pouvoir Suprême représenté par le Prince ou par des Citoyens d'élite, se fait obéir volontairement des Peuples. Si l'État est Monarchique, alors toutes les forces rapprochées, concentrées, remises entre les mains d'un seul, agissent sans obstacle, & se portent avec promptitude où les besoins l'exigent. Le Monarque semblable à un pere de famille, commande à ses enfants, les a perpétuellement sous les yeux, leur laisse l'usage de leur liberté & ne les prive que d'une licence qui leur deviendroit dangereuse. Comment un vrai Monarque sépareroit-il ses intérêts de ceux d'une famille qui le regarde comme son chef? Ne ressembleroit-il point à un pere dénaturé qui, par une négligence indigne, livreroit ses enfants à l'abandon, ou chercheroit à leur ravir des avantages qu'il doit leur procurer?

Sous des Souverains équitables, les Loix fondées sur l'intérêt de tous, sur leurs besoins, ne sont que l'expression de la volonté publique, & remédient sans délai aux maux de la Société. Si la constitution de l'Etat met le Chef dans le cas de consulter son Peuple, il en résulte une obéissance raisonnée; ses ordres deviennent pour lors le vœu de la Nation; on s'y soumet avec joie, parce qu'on en connoît le but & les motifs: la liberté du Citoyen n'est point révoltée d'une obéissance qui n'est qu'un sacrifice à son propre intérêt. Des Loix justes faisant la sûreté de tous, le Monarque lui-même ne peut s'en dispenser; il sait que ni son titre, ni son rang, ni son pouvoir ne peuvent le soustraire à la volonté générale; pour la rendre respectable, il doit la respecter lui-même.

§. XXIII. *Des Privileges.*

Cela posé, de quel droit les Princes soumis eux-mêmes aux Loix, s'arrogeroient-ils le pouvoir d'en dispenser les autres? Quelle force pourront avoir des regles versatiles, obligatoires, pour les uns & sans force pour ceux que la faveur prétendroit distinguer? Si sans se nuire à elle-même, la Société ne peut qu'étendre & appliquer les Loix immuables de la Nature, comment les organes & les exécuteurs de ses volontés pourroient-ils dispenser quelqu'un d'y obéir? Toute exemption de la Loi est une injure faite à la Loi & à la Société; la Loi est-elle utile & Juste? Elle doit commander à tous; est-elle injuste, inutile ou nuisible? Elle doit être anéantie pour tous. Nul Citoyen, s'il avoit de l'équité ou s'il réfléchissoit, ne pourroit être flatté de jouir à l'exclusion de ses concitoyens de privileges injustes qui l'exposent à la haîne de ses associés, ou séparent son intérêt du leur. Le droit de faire le mal impunément, ne peut flatter qu'un scélérat, un mauvais Citoyen. Est-il une vanité plus détestable, que celle qui met sa grandeur ou sa gloire dans le pouvoir de nuire? Est-il une vanité plus puérile & plus inconsidérée, que celle de ces prétendus Grands qui se croient honorés par d'indignes privileges que le despotisme peut accorder & révoquer sans raison?

QUELLES idées les Peuples auront-ils de l'équité? Quel respect auront-ils pour les Loix lorsqu'ils les verront foulées aux pieds par leurs maîtres, & insolemment violées par les Grands qui les entourent? N'est-ce pas faire mépriser & détester la loi, que d'y soustraire les Grands & de s'en servir pour écraser les Petits? Quelles notions de justice doit-on avoir dans ces pays où les Nobles, c'est à dire les Citoyens les plus riches, sont exempts des impôts dont le Pauvre est surchargé!

SI les Loix ne sont faites que pour établir un juste équilibre entre les membres d'un Etat, si elles doivent remédier aux inconvéniens qui pourroient résulter de l'inégalité naturelle des hommes, les exemptions de la Loi rendent ces vues inutiles; elles augmentent l'inégalité; elles la font sentir d'une façon douloureuse; elles privent quelques Sujets, des avantages qu'elles accordent à d'autres; enfin elles invitent des Citoyens à se séparer de leurs Concitoyens, à distinguer leurs intérêts de ceux de la Société. L'esprit de corps fut & sera toujours contraire à l'esprit de Société.

L'ACCEPTION des personnes est une source intarissable de maux dans les Nations : la partialité des Souverains détruit toute justice ; & sans justice, la Société devient le théâtre de l'oppression & du désordre. Il n'est gueres de pays dans le monde où la Loi parle également à tous les Sujets ; sévere pour le foible & le pauvre, elle adoucit sa voix pour les riches & les grands. Indulgente pour les uns, elle écrase les autres. Il faut presque par-tout du crédit, du pouvoir, de la protection, des richesses, pour obtenir les objets sur lesquels on a les droits les plus légitimes ; enfin presqu'en tout pays, il est permis à quelques Citoyens d'être injustes & de mal faire. La Loi est inutile, & l'autorité devient inique, lorsque les hommes ne sont point récompensés ou punis en raison de l'emploi utile ou nuisible qu'ils font de leurs facultés.

§. XXIV. *Droits du Souverain sur la propriété.*

LES Souverains croient d'ordinaire que leur pouvoir leur donne des droits illimités sur les biens de leurs Sujets. Chargés par la Société de la protéger & de lui procurer les avantages qu'elle desire, ils ne jouissent du pouvoir, que pour assûrer la personne & les possessions de ses membres, pour les garantir contre la violence & la fraude. Le droit de défendre peut-il donc conférer le droit de prendre les biens que l'on doit protéger ? L'Autorité Souveraine n'est armée d'un si grand pouvoir, que pour opposer des barrieres plus fortes & des remédes plus prompts aux passions des Sujets, & non pour mettre le Souverain à portée de donner un libre cours à ses propres passions. La liberté, la propriété, la sûreté sont les uniques liens qui attachent les hommes à la terre qu'ils habitent. Il n'est point de Patrie, dès que ces avantages ont disparu.

En se soumettant à l'Autorité Souveraine, les Nations ont dû, sans doute, consentir à lui fournir tous les moyens de travailler efficacement à leur bonheur: ainsi chaque individu a sacrifié une portion de ses biens pour contribuer à la conservation de la propriété totale. Telle est la source de l'impôt. Il n'est juste, que lorsque la Nation consent à s'y soumettre; son usage n'est légitime, que lorsqu'il est fidélement employé à la conservation de l'Etat. L'utilité publique doit être sa mesure invariable: la proportion des possessions & des bienfaits dont on jouit est la regle de ce que chacun des membres doit contribuer. Les impôts sont des vols, dès qu'ils cessent d'avoir pour objet les moyens de conserver l'Etat & d'affermir son bonheur. Le Prince est un brigand, un concussionaire, quand il emploie la force pour ravir les biens d'une Nation sans avantages pour elle; il est un prévaricateur, un économe infidele, lorsqu'il détourne à son propre usage les richesses dont il n'est que l'administrateur & le dépositaire: il est coupable, lorsque contre l'intention publique il prodigue en dépenses inutiles, en un faste orgueilleux, en des libéralités peu méritées, les trésors destinés aux besoins de l'Etat.

§. XXV. *Du droit de faire la guerre.*

La Guerre eſt pour les Nations une ſource féconde de calamités, de véxations, de ruine. C'eſt ſous prétexte de guerres, que les Peuples ſont écraſés d'impôts. Tout Prince guerrier eſt, & l'ennemi de ſon Peuple, & le fléau du genre humain.

Le tumulte des combats permet rarement d'entendre le cri de la juſtice ou la voix douce de la raiſon. Ce n'eſt qu'en gémiſſant qu'un bon Roi prend les armes. Un Prince belliqueux ne commande qu'à des Peuples ruinés: une Guerre injuſte eſt le plus grand des forfaits; une guerre inutile eſt le comble du délire. C'eſt pour la conſervation de ſon Peuple, c'eſt pour l'intérêt, de ſon Peuple, c'eſt de l'aveu de ſon Peuple, qu'un Souverain doit faire la guerre; dès que le danger finit, la guerre doit ceſſer. Tout Conquérant eſt un fou qui commence par ruiner ſes Sujets, pour avoir l'avantage de ruiner ceux des autres.

L'idée ſeule de la guerre, de ſes détails affreux, de ſes conſéquences durables, ne devroit-elle pas déchirer le cœur de tout Prince en qui la juſtice, l'humanité, la raiſon n'ont pas été complettement étouffées? La vaine gloire qui réſulte de la deſtruction, eſt-elle faite pour flatter un être raiſonable?

Le Souverain a droit de faire la guerre, non pour ſes propres intérêts, mais uniquement pour ceux de ſa Nation: il n'y a qu'un tyran qui puiſſe ſacrifier ſon Peuple à ſes propres fantaiſies.

Ce n'est jamais qu'à regret qu'un bon Prince fait usage du glaive que ses Peuples lui ont remis. Si d'injustes aggresseurs menacent ses Etats, si d'avides voisins veulent ravir à ses Sujets, les avantages dont ils jouissent, c'est alors qu'il recourt à la force pour faire rentrer dans leur nature, des aveugles qui s'en veulent écarter. Mais il n'ignore pas que les lauriers de la victoire sont presque toujours également teints du sang de ses Sujets & de ses Ennemis. La guerre est une crise quelquefois nécessaire, mais qui affoiblit toujours le tempérament de l'Etat. *Je crains bien plus*, disoit Alphonse de Castille, *les larmes de mon peuple, que les armes de mes ennemis.*

§. XXVI. *Le Souverain est le garant de la conduite de ses ministres.*

Responsable à ses Sujets de la capacité & de la conduite de ceux à qui il confie sous lui les détails de l'administration, dans le choix de ses Ministres, le vrai Monarque ne consultera que le mérite, les talents, la vertu. La voix de la Nation les lui fera toujours connoître. Il se souviendra toujours que l'abus est presque inséparable du pouvoir. Vainement auroit-il pour ses Sujets, les sentiments qu'il leur doit: vainement s'occuperoit-il de leur bonheur; le bien-être des Nations, la sûreté de l'Etat, l'attachement des Peuples pour leurs maîtres, dépendent de la conduite des hommes qu'ils rendent dépositaires d'une portion de leur autorité. Une juste défiance tiendra donc les yeux du Monarque ouverts sur la conduite de ses Ministres. Il livrera à la sévérité des Loix, à l'indignation, à la vengeance de ses Peuples, ceux dont les excès les auront rendus malheureux. Le Souverain le plus juste peut être séduit & trompé par des Conseillers pervers, par des Ministres imprudents, par des Favoris incapables. Il doit écarter de sa personne le ressentiment de ses Sujets; leur haîne doit retomber sur les têtes coupables de ceux qui les oppriment, souvent à l'insu de leurs maîtres: le Souverain qui protege un Ministre criminel, se rend le complice de ses crimes & se charge de ses iniquités.

Une distribution équitable des récompenses & des peines met un Prince à portée de régner comme les Dieux. Dépositaire de ces deux grands ressorts du Gouvernement, il s'en servira pour encourager la vertu, le mérite, les talents ou pour forcer l'intérêt particulier à concourir à l'intérêt général. Rien de plus propre à décourager les Citoyens vertueux, que de leur ravir les récompenses qui leur sont dues; la vertu disparoît, dès que le vice est honoré. Personne ne travaille plus à se rendre utile, quand les bienfaits, les honneurs & les graces ne sont le prix que de la naissance, de la fortune, de la faveur. Les faveurs accordées à l'incapacité, à la médiocrité sont des vols faits au mérite; les récompenses données à celui qui sert la Société, sont des dettes que le Souverain acquite pour elle. Les graces légérement accordées, sont des injustices réelles.

§. XXVII.

§. XXVII. *La Souveraineté légitime protege la Liberté.*

Sous un Roi Citoyen, la Société sera libre; elle l'est toujours par-tout où les Loix sont respectées. Loin d'envier à ses Sujets les avantages que leur procure leur industrie, le Prince s'occupera sans cesse du soin de les augmenter. Loin de chercher à les asservir, il assûrera leur Liberté, ce bien si cher à l'homme, si nécessaire à son bonheur. Aussi éloignée d'une licence dangereuse, que d'un esclavage déshonorant, cette Liberté ne sera bornée que par la raison qui, commandant également au Monarque & aux Sujets, ne lie les mains des hommes, que pour les empêcher de se nuire, & leur permet de travailler sans obstacle à leur bonheur. La sagesse dégagée des entraves de la gêne, parlera librement aux Nations: un Monarque vertueux ne craint point les regards pénétrans de la raison; il sait que ses bienfaits seront bien mieux sentis par des hommes éclairés, que par des esclaves stupides; il sait que l'ignorance rend les hommes aveugles, pusillanimes & malheureux, il sait que les lumieres & la liberté leur éleveront le cœur & les rendront courageux & vertueux. Guidés par la reconnoissance, les Peuples chériront leurs loix, leurs institutions & le Monarque qui s'occupe de leur bien-être; les lumieres ne sont à craindre, que pour les imposteurs & les tyrans.

§ XXVIII. *Le Souverain doit être populaire.*

DANS un Etat bien gouverné, le vulgaire, ou le bas Peuple sera sur-tout l'objet des soins du Monarque. Détrompé de ces idées orgueilleuses qui font du Souverain un Dieu, & qui ravalent le Sujet laborieux au-dessous de la condition humaine, il s'occupe sur-tout de cette partie de ses Sujets que le travail fait subsister; il excite les arts à rendre leurs travaux moins pénibles. L'agriculture encouragée & soulagée fleurit & porte l'abondance dans toutes les parties de l'Etat. Le commerce honoré de l'estime & de la faveur du Gouvernement, étend au loin ses rameaux; il procure à la Société les choses que la Nature lui refuse, & multiplie pour elle les agréments de la vie. Le soldat contenu par une discipline sévere & soumis aux Loix ne se croit point en droit d'opprimer ou de mépriser ses Concitoyens qui le soudoient; il est un Citoyen intéressé comme les autres au maintien d'une Société qu'il est fait pour défendre: il sera le défenseur de la Patrie, & non l'instrument de son esclavage. Rien n'égale la puissance d'un Monarque que la vertu guide & que la raison éclaire. Tout un Peuple animé du même esprit que son Roi, s'identifie avec lui; il oppose un rempart impénétrable aux entreprises, à l'avidité, à l'ambition de ceux qui tenteroient de troubler sa félicité.

TELLE est la conduite que la sagesse inspire à tout Monarque. Telles sont les bornes qu'elle met au Pouvoir Souverain; tel est le plan que la volonté publique trace à tous ceux qu'elle rend dépositaires de son autorité.

§. XXIX. *Il doit connoître le vœu de sa Nation.*

Mais pour que le Souverain connoisse les vœux de son Peuple, qui doivent être sa regle; ses besoins, auxquels il doit satisfaire; ses maux, auxquels il doit remédier, il faut que la Nation soit représentée par quelque corps qui fasse connoître au Souverain, les justes demandes de ses Sujets, & qui, sans jouir de l'autorité suprême, en dirige les mouvements, en tempere les effets, & l'arrête même, lorsqu'elle devient nuisible. Un Roi ne peut pas tout voir par lui-même; en vain se flatteroit-il de trouver dans son génie, les ressources nécessaires à la conduite de l'Etat; le pouvoir écarte presque toujours la vérité timide. Des courtisans, des ministres, des favoris peuvent égarer leurs maîtres; la voix de leurs Peuples ne les trompera jamais.

Il n'est presque point de Monarchies dans le monde, où le Souverain connoisse ses vrais intérêts ou sente des motifs pour faire le bien. Toujours sûr d'être secondé dans ses projets par des armées, de les voir applaudis par des courtisans flatteurs, de les faire exécuter par des troupes mercénaires, le Prince se met au-dessus de l'opinion publique, & n'a nul égard pour sa Nation. Une éducation dépravée lui laisse communément ignorer qu'il est homme; l'inhabitude de souffrir le rend insensible à la misere publique; l'ignorance du mal qu'il fait l'empêche d'en rougir; l'assurance de l'impunité aguerrit sa conscience contre la honte & le remors; le tumulte, la dissipation, les plaisirs lui dérobent le cri public; il faut donc que la Nation se réserve le droit de parler à ses Souverains que tout conspire à corrompre, à rendre aveugles, indolents ou méchants.

Un Prince raisonnable pourroit-il s'indigner des barrieres que la raison oppose à ses passions? Ne doit-il pas plutôt s'applaudir de la nécessité qu'elles lui imposent d'être juste, & de l'heureuse impossibilité où elles le mettent de se nuire? Que l'Usurpateur, le Despote & le Tyran insensé frémissent à la vue d'un frein dont ils méconnoissent les avantages, un Monarque vertueux limitera lui-même son pouvoir; quant au Monarque pervers, il a besoin que la force publique éleve une digue puissante contre ses déréglements: un Souverain incapable, communément gouverné par des flatteurs, des favoris, des ames viles, se croiroit-il plus deshonoré de se voir dirigé par la voix d'une Nation entiere dont les intérêts sont communs avec les siens, que de se rendre l'instrument abject des passions & des intrigues de quelques esclaves intéressés à le surprendre?

C'est à sa Nation bien plutôt qu'à un petit nombre de courtisans corrompus, qu'un Souverain doit donner sa confiance. L'expérience de tous les âges nous prouve que les Princes, ainsi que tous les hommes, ne se laissent que trop souvent séduire par des avantages futiles & passagers qui les aveuglent sur leurs plus grands intérêts; elle nous montre que la Puissance Suprême, loin d'être exempte des foiblesses humaines, y est continuellement exposée. Un seul Prince ſuffit ſouvent pour renverſer les Empires les mieux conſtitués. Un ſeul de ſes caprices, une ſeule de ſes foibleſſes, un ſeul mauvais conſeil, peuvent plonger des Nations floriſſantes dans l'abîme de la miſere. Le Souverain le plus vertueux eſt ſouvent remplacé par le monſtre le plus dénaturé. Domitien ſuccede à Titus, Commode à Marc-Aurele. Le Monarque le plus humain, trompé dans le choix de ſes miniſtres, livre quelquefois, ſans le ſavoir, ſes Peuples à l'oppreſſion la plus cruelle, ſe rend lui-même odieux, contribue à ſa propre ruine.

COMMENT remédier à ces maux inévitables de la condition humaine? Comment tenir en tout tems, l'Autorité dans ſes bornes légitimes? Comment la faire concourir invariablement au bien-être de la Société? Il faut que la Loi commande; il faut que cette Loi ſoit armée d'une force plus grande que celle de l'homme; il faut que la Puiſſance Suprême ſoit contenue par des liens qui, attachés à la conſtitution de l'Etat, ne puiſſent être rompus ſans l'ébranler & ſans mettre en danger ceux qui voudroient les anéantir. Il n'y a que le partage du pouvoir qui puiſſe produire ces effets. Les Princes feront le bien, quand ils connoîtront leurs véritables intérêts; quand ils ſeront à portée d'entendre la vérité; cette vérité leur montrera les périls qui les menacent, dès qu'ils viennent à perdre l'affection des Peuples. Ils connoîtront les vœux, les beſoins & les maux de leur Nation, lorſqu'elle ſera repréſentée; leurs Loix ſeront l'expreſſion de la volonté publique, lorſque la Nation aura part à la légiſlation.

§. XXX. *Des corps intermédiaires.*

CES vérités ont été senties par toutes les Nations Européennes. Si l'ignorance a soumis les Asiatiques énervés à des maîtres absolus, rarement les Peuples d'Europe ont-ils conféré à leurs Chefs un pouvoir illimité. Chez eux le Monarque fut presque toujours obligé de s'assûrer du vœu de sa Nation sur tous les objets qui pouvoient l'intéresser. Telle est l'origine des *Dietes*, des *Etats*, des *Parlements* dont les droits ne se sont affoiblis dans quelques contrées, que par l'indolence des Peuples, & par l'usurpation, la séduction & la trahison des Cours; titres futiles! que la volonté des Nations pourra toujours anéantir. Comment les Souverains connoîtroient-ils les besoins ou les plaintes de leurs Sujets, s'ils n'écoutent jamais que ceux qui sont intéressés à les étouffer, & si les Peuples ne sont représentés par des hommes légalement autorisés à parler pour eux? Une Nation qui n'est point représentée, est semblable à un homme privé de la parole; il ne lui reste que ses bras pour faire connoître ce qu'il demande.

EN choisissant des Représentants, les Peuples forment des conseils à leurs Souverains. Ces conseils, pour exprimer fidélement les volontés des Peuples, doivent être composés de Citoyens que leurs lumieres, leurs talents, leurs vertus, & sur-tout leurs intérêts personnels attachent à la Patrie, & mettent à portée de connoître ses forces, sa situation ses besoins. Des conseils ainsi composés ne sont-ils pas plus propres à guider un Monarque, que ne feroient des miniſtres communément pervers, des favoris complaiſants, des courtiſans faméliques, qui ne connoiſſent point de Patrie, ou qui ne trouvent leur intérêt qu'à la fouler afin de partager ſes dépouilles? Nul homme n'eſt plus intéreſſé au bien de l'Etat, que celui qui ſouffre de ſes maux & qui jouit de ſes avantages; c'eſt la propriété, c'eſt la poſſeſſion des terres, qui lie l'homme à ſon pays & l'attache à ſes Concitoyens.

Les Peuples s'attachent naturellement à tous les Corps qui peuvent être une barriere entre eux & l'Autorité Souveraine; la Nobleſſe, le Sacerdoce, la Magiſtrature ont été ſucceſſivement les organes, les défenſeurs des Nations. Il eſt vrai que ſouvent les Peuples furent trompés; le rempart dont ils eſperoient ſe couvrir, les écraſa de ſon propre poids, ou les livra lâchement au pouvoir qu'ils redoutoient. Tout Corps qui a droit de parler au Monarque, qui peut mettre obſtacle à ſes projets, qui peut amortir ſes coups, eſt ſûr de s'attirer la confiance des Sujets; ceux-ci trop communément ne connoiſſent le Pouvoir Suprême, que par les maux qu'il leur fait. Cette diſpoſition peut ſervir à nous expliquer pourquoi, de l'aveu tacite d'une Nation, il ſe forme quelquefois dans ſon ſein des Repréſentants, des Protecteurs, des Organes, qu'elle n'a point expreſſément choiſis. A moins que le torrent du Deſpotiſme ne parvienne à tout renverſer, il s'éleve, pour ainſi dire, de ſoi-même, des digues à l'Autorité.

§. XXXI. *Le Souverain ne peut refuser d'écouter sa Nation.*

Si toute autorité ne doit avoir pour objet que le bien-etre de ceux sur qui elle est exercée, nul Souverain sur la terre n'a le droit d'imposer silence à son Peuple. Cette maxime peu conforme aux idées chimériques que la bassesse & l'esclavage s'efforcent d'accréditer, n'en est pas moins fondée sur la Nature & l'équité. L'esclave accoutumé dès l'enfance à regarder un Monarque comme un Dieu, ne peut concevoir que de foibles mortels puissent examiner ses droits ou discuter ses ordres. Des superstitions qui dépeignent l'Être Suprême comme un Tyran à qui tout est permis, persuadent aux Nations qu'elles doivent sans murmurer se soumettre aux caprices des Princes, chargés de représenter la Divinité. Les Souverains que la flatterie empoisonne dès l'âge le plus tendre, se croient des êtres privilégiés, séparés, pour ainsi dire, de toute l'espece humaine, dont les volontés sont faites pour ne jamais trouver d'obstacles de la part des vils mortels. Des Ministres ambitieux & des Courtisans avides ne voient qu'avec frayeur, les bornes que les Loix justes mettroient à une puissance dont ils partagent les abus. Tels sont les ennemis des droits des Nations: telles sont les vraies causes de l'aveuglement des Peuples, dans les cœurs desquels tout conspire à étouffer le cri de la Nature & l'amour de la Liberté.

§. XXXII. *Prétentions orgueilleuses de quelques Souverains.*

L'AUTORITÉ Suprême, continuée pendant une longue suite de siecles dans une meme race, dût encore contribuer à fortifier la vénération des Peuples pour leurs Souverains. Comment ne point regarder comme d'un ordre supérieur, des êtres à qui la naissance seule donnoit le droit de commander au reste des hommes? Les Rois, à leur tour, ne dûrent-ils pas méconnoître les droits de ces Peuples qu'ils transmirent à leur postérité, comme un bien de famille, comme un immeuble, comme un vil troupeau?

LES Sociétés, en choisissant des Monarques, leur accorderent, comme on a vu, un pouvoir plus ou moins étendu; par là les Souverains acquirent des droits & des prérogatives qu'ils voulurent faire regarder comme inaliénables, imprescriptibles, essentiels à la Souveraineté. En accordant ces droits, les Nations ne consulterent communément que leurs circonstances actuelles, & porterent rarement les yeux sur l'avenir. Mais les Rois se prévalurent toujours des concessions une fois faites, soit à eux-memes, soit à leurs prédécesseurs; des usages souvent insensés, des exemples antérieurs, des droits une fois exercés devinrent pour eux des titres incontestables; ils prétendirent avoir acquis des facultés qui ne pouvoient plus être révoquées par ceux-mêmes qui les avoient conférées. L'habitude, l'opinion, & sur-tout un respect aveugle pour l'antiquité sirent illusion aux Nations; elles crurent qu'il ne leur étoit plus permis de rectifier des abus, parce qu'ils avoient très long-tems subsisté. Ainsi les Princes persuaderent que leurs droits ne dépendoient plus de ceux qui les avoient donnés, & que, sous aucun prétexte, on ne pouvoit les en priver, lors même que les circonstances en rendoient l'exercice pernicieux, ou l'abus insupportable. Si l'on consulte la raison, elle nous apprendra qu'il n'est point de droits qui doivent subsister contre l'utilité des Nations.

§. XXXIII. *Distinction du Souverain & de la Souveraineté.*

Rien n'ouvrit sur-tout un champ plus vaste aux prétentions des Rois, que le préjugé qui confondit sans cesse le *Souverain* avec la *Souveraineté*, le Roi avec la Nation. On sentit qu'un Pouvoir absolu résidoit nécessairement dans toute Société; on en conclut que les Sociétés gouvernées avoient déposé sans réserve entre les mains de leurs chefs, tous les droits, tout le pouvoir qu'elles avoient, toute l'autorité dont elles jouissoient elles-mêmes. Ainsi le Roi & la Nation furent pris pour des synonimes; l'organe & la volonté furent indistinctement confondus; les actions, les démarches, les imprudences même du Souverain furent regardées comme celles de la Nation; les biens de l'une furent regardés comme appartenants à l'autre; & peu-à-peu les Peuples & leurs possessions devinrent le patrimoine de leurs Monarques; ils en disposerent à leur gré;

ils se dispenserent de les consulter sur les choses qui étoient le plus en droit de les intéresser. L'attention la plus légere suffit pourtant pour détruire une erreur dont les conséquences furent de tous tems très funestes aux Nations. C'est pour conserver sa personne & ses biens, que chaque Citoyen se met sous la sauve-garde de la Société; c'est pour assûrer son bonheur que la Nation se choisit des protecteurs; ceux-ci sont des gardiens & non des propriétaires des biens de la Nation; ils sont des interprêtes infideles, & non des législateurs, quand ils font des Loix injustes, contraires au vœu public, désavouées par les Peuples. Un Despote, un Tyran peut-il être l'interprête des volontés générales? Non, sans doute; il n'est que l'interprête de ses propres passions, de ses propres caprices; il n'est l'organe que de ses ministres. Un Monarque, pour être identifié avec sa Nation, doit vouloir ce qu'elle veut & ce que ses Loix ordonnent: c'est alors qu'il dira comme un Roi de la Chine: *La faim de mon Peuple est ma faim: le péché de mon Peuple est mon propre péché.*

§. XXXIV. *Prérogatives Royales.*

DANS presque toutes les Sociétés, les Chefs furent les seuls distributeurs des récompenses, des graces, des titres, des honneurs, des richesses; en un mot, ils disposerent de toutes les choses qui sont l'objet des desirs de tous les hommes. Il n'est pas surprenant qu'avec des motifs aussi puissants, ils aient si facilement réussi à diviser & subjuguer leurs Sujets dont les yeux se tournerent uniquement vers des êtres qu'ils regarderent comme les vraies sources du bonheur. Il fut donc aisé aux Princes mal-intentionnés de faire entrer dans leurs complôts, une foule d'hommes séduits, aveuglés par des intérêts personnels. Une Nation sans pouvoir n'aura jamais que peu d'amis, elle n'a rien à donner. C'est pourtant de la Nation que découlent le pouvoir & les richesses que le Souverain lui-même possede. C'est de la Nation que partent les bienfaits, les honneurs, les récompenses & les graces que, pour le bien de l'état, le Souverain doit répandre sur ceux qui le servent. Mais par un abus visible, on confondit toujours le distributeur des graces avec la Nation qui en est la source véritable. Par là le Prince fut l'objet unique sur lequel tous les yeux se fixerent. Pour que la Nation conservât tous ses droits, & pour que ceux qui la servent reconnussent ses bienfaits, il seroit important qu'elle se réservât la faculté de récompenser ou de payer les services qu'on lui rend: elle retraceroit par là à tous les Citoyens que c'est la Patrie, & non son Chef, que le Citoyen doit servir.

§. XXXV. *De l'Etiquette.*

POUR respecter l'autorité, les Peuples ont besoin qu'elle leur soit représentée d'une façon sensible. La pourpre, les cérémonies, les faisceaux dans les Républiques; une pompe plus grande encore dans la Monarchie, éblouirent les yeux & en imposerent au vulgaire. Afin de rendre leur pouvoir plus révéré, les Despotes ne se montrerent communément à leurs Sujets qu'environnés d'un éclat propre à les étonner. Ainsi qu'aux Dieux, on rendit des honneurs divins à leurs images sur la terre: ceux qui de loin en furent les spectateurs, se persuaderent aisément que ces êtres si resplendissants devoient être au dessus de la condition humaine. Telle est l'origine du *Cérémonial* de *l'Etiquette* & de ces titres fastueux par lesquels les Monarques en imposerent aux Nations toujours éprises du merveilleux; ces choses devinrent souvent l'objet unique de l'attention des Cours. Moins les yeux sont familiarisés avec les objets, plus ces objets font travailler l'imagination. Nul Monarque n'est un Dieu pour celui qui le voit tous les jours. Ce qui est impénétrable & caché, est toujours respecté. Les Rois profiterent de ces dispositions pour se rendre plus redoutables; ils ne se montrerent que rarement; & semblables aux Dieux qu'on ne voit point, du fond d'un Palais impénétrable, ils dicterent leurs volontés à des Courtisans qui, devenus des especes de Prêtres, les firent passer au vulgaire. Les Princes les plus méchants, ou qui eurent le moins de grandeur véritable, furent communément les plus attachés à leur faste, à leurs titres, & à cette vanité puérile qui n'en impose qu'à des enfans. Dans la plupart des Monarchies, le vain faste des Cours, ou ce qu'on nomme la splendeur du trône, devient la ruine des Peuples. Régner, dans bien des Etats, c'est représenter dans un drame communément fort tragique pour la Nation.

Le cérémonial & l'étiquette sont des barrieres que la flatterie a placées au-tour des Rois, afin d'écarter les Peuples de leurs Chefs, & pour empêcher qu'on ne voie qu'ils sont des hommes, souvent très méprisables ou très dignes de haîne. La bassesse & le préjugé semblent s'être efforcés de tout tems d'élever les Monarques au-dessus de la condition humaine. Homere donne sans cesse aux Rois le titre de *Nés des Dieux*; la fable les supposa instruits par des Divinités. Quoi de plus propre à nourrir l'orgueil des Chefs des Nations, que ces rêveries astrologiques qui leur persuadoient que le Ciel étoit perpétuellement occupé de leur sort, que les astres annonçoient leur naissance & leur fortune, que les éclypses présageoient leurs succès ou leurs défaites, que les cometes étoient les avant-coureurs de leur mort? La Nature entiere sembla toujours s'intéresser uniquement aux destinées de quelques mortels que le hazard avoit placés à la tête des Nations.

TELLES sont les différentes sources des idées gigantesques, surnaturelles, divines que les Peuples se formerent de leurs Souverains. Cessons donc d'être surpris, si presque sans intervalle ils furent soumis à des hommes qui se crurent dispensés de montrer des vertus. L'indolence, l'incapacité, l'ignorance, que dis-je? la méchanceté, même la stupidité, la frénésie ne priverent point les Rois du droit de régler le sort des Nations: régner ne fut autre chose, que jouir dans l'inaction, la mollesse & les plaisirs, du travail d'une Société nombreuse: gouverner ne fut que l'emploi du pouvoir pour la forcer de plier sous ses caprices: la Politique ne fut plus que l'art de la diviser, de l'affoiblir, de la corrompre même pour la tyrannifer. Les Souverains ne songerent nullement à s'instruire; le bonheur des Peuples fut abandonné au hazard; les Nations les plus mal gouvernées craignirent de se rendre coupables d'un sacrilege en ôtant le Pouvoir Suprême à des mains incapables de l'exercer ou qui en faisoient contre elles l'abus le plus honteux.

§. XXXVI. *Vraie grandeur des Rois.*

LORSQUE exempts de préjugés nous oserons contempler la Nature de l'Autorité Souveraine, nous verrons que les Rois sont les plus respectables des hommes, lorsqu'ils font le bonheur des Nations; mais dont l'éclat, la grandeur & les droits disparoissent, dès qu'ils violent ou négligent les devoirs que le rang leur impose. Les Peuples toujours plus forts qu'eux, dès qu'ils réuniront leurs forces, n'ont jamais pu renoncer au droit de les ramener à la raison, de les obliger d'être justes, de leur indiquer les routes qu'ils doivent tenir pour les conduire à la félicité, en un mot, de les faire descendre du trône où ils ne leur ont dit de monter, que pour veiller à la sûreté générale.

D'UN autre côté la raison doit faire sentir aux Monarques que, pour être chéris & respectés de leurs Sujets, ils doivent leur montrer par la supériorité de leurs talents, de leurs lumieres, de leurs vertus qu'ils ont ce qu'il faut pour commander: cette raison les détrompera de ces idées insolentes & barbares qui leur représentent les Peuples comme des amas d'insectes qu'il leur est permis d'écraser: elle les désabusera de ces prétentions arrogantes qui substituent leurs volontés capricieuses aux Loix: elle leur montrera que l'utilité est la mesure de l'attachement de leurs Sujets, & que la sagesse & l'équité peuvent seuls les mettre en droit de prétendre à leur estime & à leur amour. Enfin cette raison leur apprendra qu'un Monarque inutile, malfaisant & tout puissant est nécessairement le membre le plus méprisable, ou le plus odieux à la Société.

L'HOMME le plus criminel seroit sans doute celui qui rendroit toute son espece malheureuse. Les crimes les plus détestables sont ceux dont résulte l'infortune d'un plus grand nombre d'individus. Que conclure de là, sinon qu'un Tyran est l'être le plus odieux que puisse enfanter le crime? Admirateur aveugle de la grandeur! mesure d'après ces regles l'estime que tu dois souvent aux maîtres de la terre. Examine en détail les miseres qu'ils font si fréquemment éprouver à des millions de victimes de leurs coupables folies: calcule le nombre des familles désolées dans lesquelles leur négligence, leur tyrannie, leurs victoires, leurs conquêtes portent sans cesse le deuil, l'indigence, le désespoir; admire les ensuite si tu l'oses!

§. XXXVII.

§. XXXVIII. *Sont soumis aux mêmes devoirs que les autres hommes.*

C'EST sur le besoin que les hommes ont les uns des autres, que leurs devoirs sont fondés; l'heureuse dépendance où nous vivons de nos semblables, est la vraie base de toute morale. Tout homme qui s'imagine n'avoir besoin de personne, croira bientôt ne rien devoir à personne; celui qui, dépourvu de crainte lui-même, est en état de faire trembler les autres, s'embarrassera fort peu de mériter leur estime ou leur amour; il ne se donnera point de peine pour plaire à des êtres qu'il méprise & qu'il peut accabler. Tout pouvoir déméfuré corrompt nécessairement & l'esprit & le cœur, il rend celui qui l'exerce orgueilleux, inhumain, insociable.

SI vous multipliez les forces d'un homme, au point qu'il n'ait plus rien à espérer ou à craindre en ce monde des êtres qui l'entourent, il se croira bientôt un être d'une ordre différent; il n'aura besoin de personne pour contenter ses desirs; il n'aura point d'intérêt à modérer ses passions; en un mot, il deviendra méchant, & il n'aura nuls motifs pour travailler au bonheur de ceux qui lui feront totalement indifférents. Par l'avilissement des Nations & l'oubli des droits de la Société, les Souverains sont devenus des hommes gigantesques, dont les forces se sont tellement multipliées, que l'on a cessé de les regarder comme faisant partie de l'espece humaine; dès lors ils se sont tout permis pour satisfaire leurs volontés; bien plus, on les a cru dispensés de tous devoirs, leurs caprices n'ont plus rencontré d'obstacles ; c'est ainsi que les Princes furent si souvent dépourvus de moralité & de vertus.

§. XXXVIII. *Des Vertus du Souverain.*

Bien des auteurs ont écrit sur les vertus qu'ils demandent aux Rois : séduits par un enthousiasme plus louable qu'éclairé, ils ont exigé d'eux des talents si sublimes, des qualités si rares, des connoissances si vastes, qu'il est presqu'impossible qu'un mortel les rassemble. Ils ont voulu que les Rois fussent des Dieux, exempts des foiblesses de notre nature, & ils furent des hommes souvent plus remplis de miseres, que tous les autres. Ne voyons que des hommes dans nos Princes, ne leur demandons que des vertus humaines. Il n'est point, je l'avoue, de proportion entre les vertus & les vices de ceux qui gouvernent, & ceux des Citoyens qui sont gouvernés ; les mauvaises dispositions des premiers font des millions d'infortunés ; leurs vertus répandent au loin la félicité. Les vertus du Citoyen n'influent communément que sur la sphere bornée qui l'environne ; les vertus du Souverain se multiplient, pour ainsi dire, en raison du nombre de ses Sujets. Mais quelles seront ces vertus ? Si les Princes avoient de la droiture, de la fermeté & sur-tout de l'équité, ils auroient toutes les qualités que nous avons droit d'en attendre. La bonté seule, sans la justice, ne peut être dans un Souverain une qualité utile rélativement à ses Sujets ; très souvent elle devient une cruauté pour eux. Un Prince à qui la bonté de son cœur ôte la force de résister à ceux qui l'entourent, peut être aussi dangereux qu'un Tyran.

Si nous examinons sans préjugé la plupart de ces Princes dont on nous vante les qualités, nous verrons qu'il en est fort peu dont la bonté ait été vraiment avantageuse à leurs Etats. Nous trouverons que de vils Courtisans ont souvent abusé de leur sensibilité, pour leur faire commettre les injustices les plus criantes; nous trouverons que l'importunité leur arrache des graces pour des Sujets indignes; nous trouverons que les Peuples sont sacrifiés à l'avarice de quelques Grands affamés. Appellerons-nous un bon Roi, celui qui ne sait rien refuser à des hommes qui le sollicitent pour obtenir des places dont ils sont incapables, des récompenses qu'ils n'ont jamais méritées, la grace pour d'indignes Citoyens qui ont outragé la Société? La clémence est-elle donc une vertu, lorsqu'elle suspend les effets de la justice pour ceux qui ont violé les Loix, dépouillé la Nation, trahi tous leurs devoirs? N'est-ce point un Souverain inique, que celui qui prive le mérite des récompenses qui lui sont dues pour les accorder aux instances de quelques Favoris qu'il craindra d'affliger? Les qualités les plus aimables dans la Société particuliere, deviennent souvent des vices dans celui qui gouverne des Peuples. Un Souverain fait pour tenir la balance entre tous ses Sujets, doit être en garde contre sa propre sensibilité, sa facilité, sa tendresse, son affection pour ses amis ou sa famille. Dès que l'équité se fait entendre, un Prince ne doit plus avoir ni parents, ni courtisans, ni favoris. Un bon Roi est celui dont tout son Peuple éprouve la bonté; celui qui n'est bon que pour ceux qui l'approchent, est communément très méchant pour ceux qui sont loin de sa personne.

JUSTICE ET FERMETÉ: Telle devroit être la devise des Rois; lorsque nous trouvons ces qualités, n'exigeons rien de plus. Ne prétendons point qu'ils soient exempts des passions & des foiblesses de leur Nature; n'en attendons point des perfections chimériques interdites à notre espece. Ne soyons point surpris lorsqu'ils tomberont dans des fautes inévitables pour l'homme. Quand les Peuples auront le droit de porter la vérité au trône, de se plaindre de leurs maux, d'en indiquer les remedes, ils ne seront pas long-tems malheureux. Sous un Souverain équitable, la Société ne parle jamais en vain; juste envers tous ses Sujets, il fait cesser leurs plaintes. Dès qu'on les lui fait connoître, il se conforme à leurs demandes; leurs desirs ne pourront être injustes ou déraisonnables, dès qu'ils exprimeront le vœu de la Nature appuyé de la volonté générale. Un vrai Roi est un Pere qui ne ravit point à ses enfans les avantages dont la possession fait leur félicité; il les protege contre l'oppression; il laisse aux Loix toute leur vigueur, & jamais il ne les force de plier sous ses caprices: juste envers les autres Sociétés, il ne songe point à les troubler: content de maintenir ses Peuples dans une existence heureuse, il ne va point par des conquêtes étendre les bornes d'un

Empire toujours aſſez floriſſant, heureux & reſpecté, quand il eſt ſagement gouverné.

CESSONS donc de donner le titre de Grand à ces Monarques incommodes & turbulents qui déſolent la terre; n'admirons plus les exploits de ces conquérants qui, indignés des limites que la Nature ou les conventions des hommes ont miſes à leurs Etats, vont, dans des guerres inutiles, prodiguer le ſang de leurs Sujets. Ne donnons point le nom de gloire, au bruit que leurs actions inhumaines excitent parmi les Nations. Regardons comme de vrais monſtres ces Héros odieux qui, incapables de s'occuper du ſoin pénible de rendre leurs Etats heureux, courent à la renommée par le malheur des Peuples, & triomphent inſolemment aux yeux du genre humain qu'ils outragent. Préférons un Roi pacifique, à ces brigands farouches dont les actions ſi vantées couvrent le monde de deuil, de larmes & de miſere. La Nature favoriſe les Peuples, dès qu'elle ne donne à leurs maîtres que des ames tranquilles.

QUAND l'amour de la juſtice anime un Prince, il lui donne la force de réſiſter aux pieges & aux importunités des Courtiſans qui l'entourent; ſon exemple en impoſe à tous ceux qui ſous lui concourent à l'adminiſtration: les cabales & les intrigues diſparoiſſent bientôt d'une cour dont le Maître connoît les droits de l'équité; elles ne ſont faites que pour les cours de ces Princes incapables de régner qui ne ſont que les eſclaves & les jouets de leurs Eunuques, de leurs Maîtreſſes de leurs Favoris.

Exiger d'un Monarque d'être juſte, c'eſt demander uniquement qu'il ſoit honnête homme. S'il ſe trouvoit un Prince à qui cette Loi parût trop dure, il ſeroit, ſelon les apparences, très difficile de le rappeller à la raiſon. Mais, dira-t-on, le Souverain eſt entouré d'hommes intéreſſés à le tromper, & qui, malgré ſa vigilance, feront le mal à ſon inſçu. Un Prince en qui ſes Miniſtres connoiſſent de l'équité, de la fermeté, ſeroit difficile à tromper, au moins pendant long-tems. Si la diſgrace du maître ſuivoit fidélement toute injuſtice connue, bientôt la corruption ſecrete ſeroit bannie de la Cour. Quand d'un ton bien décidé le Monarque a dit à haute voix: *Je veux que l'équité regne ſeule dans mes Etats*, on verra bientôt diſparoître, & la violence, & la fraude.

Si tout Citoyen vertueux eſt un objet reſpectable, combien doit-on chérir & reſpecter celui dont les vertus ſe font ſentir à tout un Peuple? Les hommes ont un amour naturel pour leurs Souverains: leur attachement, il eſt vrai, n'eſt très ſouvent fondé que ſur une admiration peu raiſonnée de la majeſté, de la pompe, de la ſplendeur qui environnent le trône; il n'y a jamais que l'oppreſſion exceſſive qui détruiſe dans les Sujets, l'affection qu'ils ont pour leurs Maîtres: l'habitude, l'opinion, le reſpect attachent les Nations à ceux qui les gouvernent; l'extrême abus du pouvoir peut ſeul les rendre odieux. Que les Princes rentrent donc en eux-mêmes, & ils verront que c'eſt toujours par leur faute qu'ils perdent les cœurs de leurs Sujets; ceux-ci ſont naturellement portés à s'exagérer leurs vertus;

à se dissimuler leurs vices & leurs foiblesses; à rejetter leurs fautes sur les méchants qui les conseillent.

§. XXXIX. *De l'Education des Princes.*

Tout le monde convient que l'art de régner est de tous les arts le plus difficile, & néanmoins par une étrange fatalité, il est le seul dans lequel ceux qui doivent l'exercer négligent de s'instruire. La science de laquelle dépend le bonheur des Nations, par un privilege inconcevable, s'acquereroit-elle sans travail? Dans les pays où la naissance seule conduit au trône, la nonchalance des Peuples fait qu'ils n'exigent de ceux qui les gouvernent d'autres qualités que d'être venus au monde.

Quelle éducation donne-t-on pour l'ordinaire à ces hommes destinés à régler le sort des Empires? Leur enfance confiée à des Courtisans corrompus n'est entretenue que de la grandeur qui les attend, de l'éclat qui les environne, des prérogatives vaines de la Souveraineté. Si on leur enseigne quelques vertus, ce ne sont que ces vertus homicides qui les accoutument, dès l'âge le plus tendre, à mépriser la vie de leurs Sujets: on jette dans leurs jeunes ames, les germes d'une ambition fatale qui troublera par la suite le repos de leurs Etats & la tranquillité de leurs voisins: la flatterie leur persuade que les Peuples ne sont faits que pour servir de jouets à leur vanité. Une complaisance criminelle se prête à tous leurs vices. Ces Divinités de la terre nageant dans les délices, enyvrées d'orgueil & de volupté, ignorent s'il est des malheureux. Leur cœur ne s'accoutume point à s'attendrir sur le sort de l'indigence laborieuse; des égards inhumains leur dérobent le spectacle de la misere; le cri de l'infortune, intercepté par des adulateurs, ne frappe jamais les oreilles de ceux qu'il devroit affliger & consterner.

Les Sages jouissoient autrefois de la familiarité des Rois qui se plaisoient dans leur entretien, & qui les appelloient à leurs conseils. La science est aujourd'hui exclue de la faveur des Princes; les places, les honneurs sont réservés pour la naissance, le rang des aïeux décide du rang de leur postérité, qui possede le droit exclusif d'approcher du Monarque & de se montrer à la cour. Ainsi les Souverains sont communément entourés d'hommes à qui le hazard de la naissance tient lieu de talents & de lumieres, & qui dépourvus de lumieres & de vertus, sont incapables de les éclairer, ou peu disposés à leur montrer la vérité. Soit par ignorance, soit par intérêt, ils précipitent leur Maître dans des démarches imprudentes, aussi funestes pour lui-même, que pour l'Etat qu'il gouverne. Les Princes ne voient que des Grands ou des Ministres intéressés à les tromper: ainsi les Princes ne peuvent pour l'ordinaire prendre conseil, que de ceux de leurs Sujets qui sont les moins instruits & les plus disposés à leur en donner des mauvais.

Plus un Monarque est absolu, moins il est à portée de connoître la vérité; plus il est puissant, moins on aura le courage de la lui dire, & moins il aura la force de l'entendre. Dès qu'un homme eſt à craindre, on ne cherche plus qu'à le flatter, l'adoucir, le tromper. Un Deſpote eſt un lion en liberté; on le careſſe, parce qu'on le craint; le caprice appuyé de la force ne peut qu'intimider. Quelques ſoient les malheurs d'un Etat, on perſuade au Tyran que ſous ſon regne les Peuples ſont toujours trop heureux. Si l'on ne peut lui faire illuſion à ce point, on lui dit qu'un Peuple ſéditieux ne mérite point qu'on l'écoute, & que la prudence exige qu'on redouble ſes fers. Les Courtiſans & les Miniſtres ſont toujours intéreſſés à l'ignorance du Monarque: le moindre rayon de lumiere ne peut pénétrer juſqu'à lui.

VAINEMENT le fils d'un Deſpote voudroit-il s'éclairer; la tyrannie ombrageuſe & jalouſe redoute ſon propre ſang: un ſucceſſeur livré à de vains amuſements eſt écarté des conſeils de ſon pere; il ſe rendroit ſuſpect, s'il cherchoit à s'inſtruire. Ainſi ſans vertus, ſans humanité, ſans expérience, un Prince prend dans ſes mains trop foibles les rênes du Gouvernement; ſon incapacité le met à la diſcrétion des hommes perfides qui ont aveuglé ſa jeuneſſe. La vie, les biens des Sujets deviennent la proie de l'ambition de quelques Favoris. Le Monarque, éclipſé par ſes Miniſtres, devient une vaine idole qui n'a d'autre fonction que de récompenſer les trahiſons, les injuſtices & les vices des mauvais conſeillers, des flatteurs des intriguants qui l'entourent. Sous des Rois foibles, la Monarchie dégénere toujours en une *oligarchie* dangereuſe. L'Autorité Supréme ſe partage entre quelques miniſtres dont les intérêts ne sont ni ceux du Monarque, ni ceux de la Nation. Le Pouvoir Souverain sert à écraser les Peuples; & les Rois privés de puissance réelle sont, ainsi que leurs Etats, les jouets de ceux qui les gouvernent. Un Roi foible n'est que le premier esclave de son royaume; sa Nation est la victime des vices de tous ceux qui prennent de l'ascendant sur lui. A son insçu, les maux des Peuples se perpétuent de race en race; & il laisse à un successeur, inhabile comme lui, des Provinces dépeuplées, des Finances délabrées & des Sujets malheureux.

§. XL. *Ses effets sur le bonheur des Sujets.*

TELS sont les fruits de l'éducation que l'on donne communément aux hommes destinés par la naissance à commander aux Nations. Ce seroit exiger de ceux qui sont destinés au trône, des qualités vraiment *surnaturelles*, que de vouloir qu'ils résistassent aux impressions dangereuses que des hommes corrompus leur donnent, dès leurs premiers ans: il ne seroit pas plus raisonnable d'exiger qu'ils éprouvassent dans l'âge mûr des sentimens de justice, de compassion, d'humanité auxquels leurs cœurs ne furent jamais exercés. Ne soyons donc pas surpris de voir si peu de Monarques susceptibles des qualités les plus communes dans la vie Sociale: lorsque par hazard les Peuples rencontrent dans leurs maîtres des ames accessibles à la pitié, ils ont lieu de s'en applaudir comme d'un prodige & d'un bonheur inespéré. L'histoire des Nations ne nous offre que l'uniformité révoltante des excès de leurs

Monarques célebres qui, baignés dans le ſang, marchent à une gloire odieuſe ſur les cadavres de leurs Sujets. Elle ne nous montre que des campagnes ravagées, des Provinces converties en déſerts, des villes renverſées, des monceaux de cendres & de ruines, ſeuls monuments que nous laiſſent ces guerriers inſenſés qui ont régné ſur les hommes. Si des paſſions moins fougueuſes aſſerviſſent ces maîtres du monde, leurs Peuples en ſont-ils plus heureux? Alors uniquement livrés à des amuſements frivoles, à des débauches honteuſes, à une molleſſe efféminée, ils coulent dans l'oiſiveté des jours inutiles, tandis que leurs Etats ſont la proie de l'avidité, des intrigues de l'imprudence, & des fureurs de leurs indignes Favoris.

En parcourant les annales du monde, ſi nous rencontrons quelques Princes vertueux, ils reſſemblent à ces météores qui n'éclairent pendant quelques inſtants le voyageur égaré, que pour le replonger enſuite dans une nuit plus terrible. Preſque toutes les contrées de la terre gémiſſent depuis tant de ſiecles ſous l'oppreſſion la plus cruelle; le pouvoir injuſte d'un ſeul eſt établi preſqu'en tous lieux ſur les ruines de la félicité publique. Les Souverains méconnoiſſent les droits des hommes, les violent & les outragent. Les Peuples ſont conduits à la boucherie, & périſſent pour rendre fameux un Monarque turbulent; leurs tréſors ſont répandus ſur des Courtiſans faméliques; les Nations ſubjuguées par la force & le préjugé oſent à peine demander à leurs Souverains le bonheur que la Nature les met en droit d'en exiger.

En un mot, nous voyons presque dans tous les tems & dans toutes les parties de la terre, les hommes malheureux de pere en fils, écrasés sous les passions, l'ignorance & la stupidité de ceux qui devroient s'occuper de leur bonheur. Nous voyons par-tout les Nations soumises à des Princes ou trop forts pour être justes, ou trop ignorants pour connoître leurs devoirs, ou trop indolents pour travailler au bien-être de leurs Sujets. Leur esprit est communément sans lumieres ; leur cœur est dépourvu de sensibilité, & leur corps est énervé par la molesse & la débauche. Les fastes des Empires nous présentent tantôt des guerriers féroces, tantôt une longue suite de Monarques fainéans, vicieux, dissipés, qui n'ont été que des ennemis publics autorisés par la lâcheté des Peuples, ou qui, incapables de gouverner par eux-mêmes, ont abandonné leurs Etats à des Ministres imprudents, ignorants & méchants. Ainsi le sort des Empires fut toujours réglé par ceux des Citoyens qui eurent le plus de vices & le moins de talents ; toute ame honnête est indignée à la vue des hommes par qui les Nations & les Princes sont très souvent gouvernés.

Lorsqu'une Nation consent à transmettre au sang de ses Monarques, le droit de la gouverner, le bon sens voudroit au moins qu'elle prît des mesures pour qu'une éducation vertueuse formât les jeunes ans de ceux qui doivent un jour devenir ses arbitres. Les hommes chargés d'instruire les Princes ne devroient-ils pas être responsables de la conduite, des sentimens & des lumieres de leurs éleves? La vengeance publique ne devroit-elle pas pourſuivre ceux qui les ont égarés ou qui leur ont laiſſé ignorer tous leurs devoirs? Enfin les Peuples ne devroient-ils pas rejetter ces indignes éleves formés au vice, à l'inhumanité & à la tyrannie? Ceux que le ſort deſtine à façonner les ames des Princes, auroient-ils donc tant de peine à leur apprendre qu'ils ſont des hommes; qu'ils ſont faits pour gouverner des hommes; que dépoſitaires du Pouvoir des Nations, il ne leur eſt point permis de les rendre malheureuſes? Que toute autorité légitime ne peut être fondée que ſur la faculté de rendre heureux ceux qui conſentent à lui obéir; que le Souverain injuſte invite au crime chacun de ceux qu'il opprime; qu'un Tyran n'a que des ennemis & n'eſt pas fait pour avoir ni des Sujets fideles, ni pour commander à de bons Citoyens?

SOMMAIRE DU QUATRIEME DISCOURS.

DES SUJETS.

§. I. *Des Citoyens, des Sujets & des Esclaves.*

Après avoir montré les limites naturelles de l'Autorité des Souverains, examinons maintenant les droits des Sujets ou des Peuples. Vainement les Loix parleront-elles, si elles ne sont écoutées. L'obéissance est donc un devoir pour tous les Sujets d'un Etat; elle est un sacrifice nécessaire que chaque membre fait de sa volonté particuliere, souvent injuste & déraisonnable, à la volonté de tous, plus éclairée que la sienne. Cette déférence n'est point gratuite; l'obéissance est naturellement proportionnée au bien-être, à la protection & aux secours que le Sujet éprouve de l'Autorité qui le gouverne. Ce sacrifice est compensé par un avantage plus grand; il devient nécessaire par la crainte des maux auxquels il s'exposeroit s'il vouloit s'en soustraire, ou s'il refusoit de se conformer à ses volontés. Dès qu'une Nation a établi, au milieu d'elle, une Autorité chargée de faire entendre ses volontés, cette Autorité doit contraindre indistinctement tous ses membres. La Loi doit être uniforme, & commander également à tous; étant l'expression du vœu public, n'ayant pour but que le bien général, destinée à mettre un frein aux passions des hommes, enfin faite pour remédier aux inconvénients résultants de l'inégalité que les forces, les talents & les richesses pourroient mettre entre eux, aucun de ces objets ne seroit rempli, si elle ne parloit à tous avec la même force.

La Loi commande à des Sujets; le Despotisme commande à des Esclaves; la Tyrannie commande à des Ennemis. Il n'est de vrais Sujets que pour des Souverains légitimes; & il n'est des Souverains légitimes, que lorsqu'ils gouvernent les Peuples de leur consentement, ou quand la volonté du Chef est l'expression fidele de celle de la Société; en obéissant à des Loix qu'elle approuve, le Sujet peut se dire *Citoyen*; il existe pour lui une *Cité*, une Patrie; il sent la nécessité de s'y attacher en vue des secours, des biens, de la sûreté qu'elle lui procure. Telle est la mesure de son amour pour son Pays, & pour son Gouvernement. Il les chérira, tant qu'ils le maintiendront dans une façon d'exister qu'il approuve; le sacrifice qu'il leur fait d'une portion de son indépendance, ne peut être que proportionné aux biens qui en résultent pour lui. Il n'y a de Citoyens que sous un Gouvernement équitable; sous un Pouvoir tyrannique le Gouvernement ne peut avoir que des ennemis qui desirent sa ruine; il n'a pour fauteurs & pour appuis, que des flatteurs, des traîtres, des ames corrompues.

§. II.

§. II. *De l'Obéissance.*

L'OBÉISSANCE n'a pour motif que l'espérance d'un bien ou la crainte d'un mal; l'homme ne renonce à sa propre volonté, que pour obtenir un bonheur plus grand que celui qu'il obtiendroit en se guidant selon sa propre fantaisie, ou pour éviter le malheur qui suivroit sa désobéissance. C'est donc un intérêt éclairé par la raison, qui doit engager le Citoyen à se soumettre aux Loix justes d'une Société qui s'occupe du bien-être de ses membres. Sous un Gouvernement despotique ou tyrannique, l'obéissance n'a d'autre motif que la crainte d'un Pouvoir injuste qui ne sert qu'à appuyer le caprice de celui qui commande, sans procurer d'avantages à celui qui obéit; c'est alors la force qui arrache une soumission extérieure que le cœur désavoue. En obéissant, le Citoyen travaille à son propre bonheur; en obéissant, l'esclave ne travaille que pour un maître qu'il déteste, sans aucun profit pour lui-même ni pour la Société. Il n'y a que l'attente du bonheur qui puisse déterminer un être raisonnable à obéir à un autre; c'est une violence, une injustice, une tyrannie, que de forcer un homme à renoncer à sa liberté naturelle sans qu'il en résulte pour lui d'avantages réels.

§. III. *De ses Limites.*

LES membres d'une Société qui refusent d'obéir à l'Autorité qu'elle approuve, sont des *Rebelles*; ceux qui refusent d'obéir à un Pouvoir injuste, nuisible & qu'elle désapprouve, sont des Citoyens fideles à la Patrie: le Tyran, l'Usurpateur sont alors les seuls rebelles; ils résistent à la volonté générale contre laquelle il ne leur est point permis de s'élever. Ceux qui conjointement avec un Tyran conspirent contre la Société dont ils sont membres, ne ressemblent-ils pas à des fils dénaturés qui aideroient un voleur à piller la maison de leur pere?

Ces principes serviront à nous faire connoître les bornes légitimes de l'obéissance. Qu'elle soit illimitée, lorsque la volonté du Souverain ne sera que l'expression de la volonté publique; elle seroit aveugle, insensée, criminelle, lorsque l'Usurpateur substituera sa propre volonté à celle de la Société, à laquelle les Sujets sont unis par des liens antérieurs & bien plus sacrés, que ceux qui les attachent à leurs Souverains. L'obéissance aveugle n'est faite que pour des esclaves. Le Citoyen n'obéit qu'à ce que l'Autorité a droit de lui commander, & jamais l'Autorité n'a droit de rien commander de contraire à la nature, à la justice & au bien-être d'un tout auquel elle est subordonnée.

§. IV. *Questions sur le même sujet.*

Mais, dira-t-on, comment juger de la justice ou de l'utilité des ordres du Souverain? Comment connoître le vœu de la Société à laquelle souvent il n'est point libre de s'expliquer? Je réponds que les Loix de la nature & de la raison sont connues de tous ceux que la passion, l'intérêt ou le préjugé n'ont point totalement aveuglés: tous sont à portée de juger si les ordres qu'on leur donne y sont opposés ou conformes; lorſqu'un Tyran furieux ordonne à quelques-uns de ſes Sujets d'égorger ceux de leurs Concitoyens qui refuſeront d'obéir à ſes volontés arbitraires; lorſqu'il voudra les employer à priver des Concitoyens de leur liberté, de leur propriété & des autres avantages dont la Nature & la Société lui garantiſſent l'uſage; lorſqu'un Tyran anéantira les loix expreſſes d'une Nation qu'il gouverne, quels ſont les Sujets qui ſe conformeront à ſes ordres? Tout être raiſonnable n'en ſent-il pas l'injuſtice? Le cœur de tout Citoyen n'en eſt-il pas révolté?

§. V. *Du vœu de la Nation.*

La volonté de la Société ſera toujours ſuffiſamment connue; & le Citoyen ne peut ignorer les ordres qu'il doit ſuivre, lorſque d'un côté le Souverain tout ſeul, & d'un autre la Société entiere auront des volontés diſcordantes. On ne peut aſſez le répéter, les droits des Nations ſont antérieurs à ceux des Rois qu'elles ont choiſis pour les placer à leurs têtes. Elles n'ont jamais perdu le droit de limiter, d'altérer, de circonſcrire, de révoquer les pouvoirs qu'elles ont donnés, dès qu'elles en reconnoiſſent les abus. C'eſt alors leur voix, & non celle du Souverain qui doit être écoutée. Les Sujets ligués avec un Tyran pour opprimer leur Patrie, ſont des brigands, des rebelles, des furieux, à qui la Patrie a droit d'oppoſer toute ſa force, & qu'elle punira juſtement des crimes dont ils ſe rendent coupables en ſoutenant ſes ennemis.

Ces maximes paroîtront, ſans doute, étranges & dangereuſes à des hommes accoutumés à confondre le Souverain avec ſa Nation; elles révolteront des ames avilies, en qui la dégradation eſt devenue héréditaire; elles paroîtront fauſſes à des aveugles qui n'ont aucune idée des droits de la Société: elles ſeront traitées de ſéditieuſes par des flatteurs & des courtiſans mercénaires que des intérêts mépriſables uniſſent toujours avec le pouvoir le plus injuſte. Mais la vérité de ces principes frappera tous ceux qui, remontant au but de l'aſſociation, aux ſentimens inhérents à la nature humaine, aux droits inaliénables des Peuples, ne s'en laiſſeront point impoſer par des mots. Obéiſſez ſans examen à l'Autorité, nous crie le Deſpotiſme; obéiſſez plutôt à la Nature, à la Juſtice, à la Patrie, nous crie l'intérêt général, dont la voix eſt faite en tout tems pour commander au Citoyen.

§. VI. *Des Mécontentemens Publics.*

Ainsi que l'Autorité, l'obéiſſance a donc des bornes; elles ſont invariablement fixées par la juſtice, par l'utilité, par les circonſtances, par le vœu général de la Société. On dira, peut être, qu'il eſt impoſſible au Souverain le plus équitable de gouverner d'une maniere également avantageuſe pour tous ſes Sujets, ou qui jamais ne faſſe des mécontens. Je réponds qu'il ſuffit que ſa façon de gouverner convienne au plus grand nombre. Avec les intentions les plus pures, un Souverain peut quelquefois déplaire à ſes Peuples par ſes Loix, mais il les révoquera, dès que ſes Peuples lui en feront ſentir les inconvéniens. Sous le Prince le plus vertueux, un grand nombre de Citoyens peuvent être malheureux pour un tems, mais leur infortune aura ſon terme, dès qu'elle ſera connue. La conduite d'un Gouvernement ne cauſe un mécontentement général, que lorſqu'elle eſt évidemment & continuement mauvaiſe, ou lorſque, bonne en elle-même, elle eſt malicieuſement interprêtée par de mauvais Citoyens. Dans le premier cas, il faut remonter à la ſource du mal, & détruire dans l'adminiſtration, le vice qui déplait à la Nation: dans le ſecond cas, un Souverain doit détromper ſes Peuples, leur faire connoître la droiture de ſes vues; les guérir peu-à-peu des préjugés qui les aveuglent; leur dévoiler les complots des hommes corrompus & ſéditieux qui cherchent à les indiſpoſer contre des meſures raiſonnables, utiles à la Patrie. Les Sujets ne ſont oppoſés à la raiſon, que lorſque les Souverains ſe croient diſpenſés de leur parler raiſon; les maux des Sujets ne ſont ſans remedes, que lorſqu'ils ſont inconnus de leurs maîtres, ou quand des intérêts mal entendus ou une injuſte vanité les rendent ſourds à leurs plaintes. Le vœu d'une Nation eſt toujours connu, dès que la violence ne l'empêche point de s'exprimer. Même ſous l'Autorité la plus tyrannique, les deſirs des Peuples ſe font aſſez ſentir, ils frappent les yeux de tout Citoyen raiſonnable; il s'apperçoit bientôt des circonſtances où ſon obéiſſance à ſes Maîtres ſeroit funeſte à ſon pays.

Est-il donc ſi difficile de connoître le vœu d'une Nation, quand on voit les Villes & les Provinces livrées à la rapacité des Satrapes & des Concuſſionaires; quand des impôts exceſſifs rendent les campagnes incultes & dépeuplées; quand on voit que le travail le plus pénible fournit à peine au cultivateur de quoi se nourrir & se défendre des injures de l'air: quand on voit que les Loix n'ont évidemment pour objet que de ravir aux Citoyens leurs propriétés; quand on voit le Despotisme effronté ne respecter ni la personne, ni l'état, ni le rang; quand on voit les trésors de l'Etat indignement dissipés pour récompenser les vices d'un tas d'intrigants, de sycophantes, de flatteurs; enfin quand on voit que depuis le Citoyen le plus distingué jusqu'au plus misérable, tout le monde est continuellement exposé à devenir la victime du caprice, de la vengeance, de l'injustice, de la délation, de l'intrigue? Dans une Nation où personne n'est à l'abri de la violence; où la justice est anéantie; où personne, en un mot, ne jouit de la propriété, de la sûreté personnelle, de la liberté, le Citoyen équitable ne sera incertain ni sur l'état de sa Patrie, ni sur le parti qu'il doit prendre en cas qu'elle se déclare.

§. VII. *Des Troubles.*

MAIS, dira-t-on, quel parti prendra-t-il, si seulement une portion de la Nation vient à s'armer contre le Souverain? Il consultera les lumieres de sa raison; il embrassera le parti qu'il jugera le plus avantageux à sa Patrie; il peut se tromper, sans doute, mais son cœur ne lui reprochera rien, lorsque le bien de son pays sera le vrai motif de ses démarches. Il peut arriver, quoique très rarement, qu'une Nation aveuglée méconnoisse quelquefois les services d'un Souvemin vertueux : il peut arriver qu'elle s'oppose au bien même qu'il veut lui faire, mais la volonté de tous n'est jamais faite pour être sacrifiée à la volonté d'un seul; nul homme ne peut acquérir le droit de commander à une Nation contre son gré; le Monarque peut alors lui représenter son injustice, tâcher peu-à-peu de l'appeller à la raison, lui faire sentir avec douceur les suites de ses démarches imprudentes : mais il mettroit l'injustice de son côté, il deviendroit un Usurpateur & un Tyran, s'il s'opiniâtroit à lui imposer un joug qu'elle abhorre, ou à la soumettre à des Loix qu'elle rejette. Le Souverain le plus légitime, le plus sage, le plus vertueux ne seroit plus qu'un Tyran, si, contre le vœu public, il s'obstinoit à gouverner ; il rentre dans l'ordre des Sujets, dès que la volonté publique a révoqué ses pouvoirs.

Le Citoyen ne peut, sans trahir son devoir, refuser de prendre parti pour son pays contre le Tyran qui l'opprime. Le désespoir arme souvent les mains de la vertu même contre la violence d'un pouvoir inique. La force est le seul remede contre la force; une Nation entiere n'est jamais totalement mécontente sans les plus fortes raisons; les Peuples sont tranquilles, tant que leurs maux sont supportables; la crainte de maux plus grands les retient dans l'inertie; c'est toujours la négligence ou l'injustice excessive des Princes qui les privent de l'affection de leurs Sujets; ce n'est que l'excès de la violence qui les pousse à chercher des moyens extrêmes pour améliorer leur sort. Il n'y auroit point de révolte, s'il n'y avoit point de Tyrannie.

§. VIII. *De leurs causes.*

En effet, ne voyons-nous pas dans les Peuples, un attachement invincible pour des Souverains qui souvent ne leur font que du mal, ou qui s'embarrassent fort peu de leur faire du bien? Le Peuple est toujours prêt à disculper ses maîtres, lors même qu'il a lieu de s'en plaindre, il s'imagine qu'ils ignorent ses maux & qu'ils y remédieroient, s'ils étoient mieux instruits. Un respect héréditaire pour l'Autorité, l'éclat qui l'environne, l'antiquité de la possession, sont des liens puissants qui attachent les Sujets à leurs Souverains & qui les leur rendent chers malgré leur négligence ou leurs iniquités. Les Nations supposent toujours que leurs Chefs ne peuvent être leurs ennemis: il n'y a que la tyrannie la plus effrontée qui soit capable de les détromper, & qui leur montre qu'elles n'ont affaire qu'à des ingrats qui abusent de leur tendresse & de leur docilité, ou que d'infâmes conseillers endurcissent & rendent insensibles à la tendresse de leurs Sujets. Est-il un crime plus détestable, que celui de ces Ministres qui font que les Peres des Peuples rebutent les cœurs de leurs Enfants!

Ce n'est jamais qu'au sein des Nations fatiguées par des violences continuelles, qu'il s'éleve des ambitieux ou des fanatiques dont la voix se fait écouter. Le feu de la révolte ne s'allume, que lorsqu'il rencontre dans les esprits, des matieres combustibles. Des Sujets turbulents & des rebellions fréquentes annoncent toujours un Gouvernement vicieux ou des Souverains négligents. L'histoire ne nous fournit gueres d'exemples de

Souverains injuſtement détrônés; mais elle nous en montre un nombre infini qui ont juſtement mérité la colere de leurs Sujets.

§. IX. *Le Citoyen doit être patient.*

Rien n'eſt plus criminel, ſans doute, que les révoltes d'une portion, quelquefois peu conſidérable, de la Nation contre l'Autorité la plus légitime. Les engagements qui lient les Sujets à leurs Maîtres, le bon ordre, la ſûreté ordonnent à chaque Citoyen de demeurer en repos. Que la Société ſe venge des maux dont elle a droit de ſe plaindre; que des Citoyens fideles la ſecondent, quand elle s'eſt expliquée, mais qu'ils ne troublent jamais ſans ſon aveu l'ordre qu'elle établit; qu'ils ne ſe révoltent pas contre les maux paſſagers qu'elle conſent à ſupporter. Tout tomberoit dans l'anarchie, ſi le Sujet ſe faiſoit juſtice à lui-même. Citoyen! fuis une Patrie qui te rend malheureux, ou gémis en ſecret des maux que tu éprouves tout ſeul; tu dois au repos de l'Etat, le ſacrifice de ton reſſentiment perſonnel. La Société réunie ou repréſentée a droit ſeule de réſiſter, de faire rentrer dans le devoir, de punir les prévaricateurs qui l'oppriment; alors tu lui prêteras ton bras, tu combattras pour elle, tu la ſoutiendras dans ſes demandes; tu le dois, & tu rempliras ton devoir en refuſant avec elle d'obéir à des volontés déſavouées par ta Nation; tu ne peux être criminel en ſuivant ſes drapeaux.

Vous, Souverains, que vos ordres ſoient juſtes, ſi vous voulez être obéis. Vous ne trouverez point de Sujets rebelles, lorſque vous ne ſerez point vous mêmes rebelles à l'Autorité qui doit régler la vôtre; lorſque fideles organes de la Société, vos Loix ſeront conformes à ſon but. Les Princes ſont des rebelles, lorſqu'ils réſiſtent à l'équité; les Sujets ſont des rebelles, lorſqu'ils réſiſtent à l'Autorité qui les gouverne équitablement. Les paſſions peuvent quelquefois rendre les Sujets injuſtes & criminels, ainſi que les Souverains; la violence ne juſtifie pas plus les excès des uns, que ceux des autres. Les légions qui arracherent l'Empire & la vie au pacifique *Probus*, ne furent pas moins criminelles que *Néron* qui, dans ſon délire, réduiſit ſa capitale en cendres.

§. X. *Il doit obéir aux Loix, & ſe conformer au Vœu public.*

Ainsi les Sujets ne peuvent ſe diſpenſer d'obéir ſans réſerve aux Souverains qui les gouvernent d'après des Loix juſtes, utiles & néceſſaires; alors déſobéir au Souverain, c'eſt déſobéir à la Société, c'eſt s'ériger en juge de ſa propre autorité, c'eſt ſortir de ſon rang; ce ſeroit un amour propre bien étrange que celui d'un Citoyen qui prétendroit que ſes intérêts doivent être préférés à ceux de la Société réunie; ſi l'obéiſſance lui devient pénible ou déplaiſante, il doit ſe ſouvenir qu'elle eſt un ſacrifice que le corps dont il eſt membre a payé de ſes bienfaits. Il a dû lui ſubordonner ſes deſirs, ſes paſſions & ſes intérêts; ce n'eſt qu'à cette condition qu'il en eſt protégé & maintenu dans les avantages qu'il peut juſtement eſpérer: je dis *juſtement*, car nul Citoyen, nul ordre d'hommes, nul corps dans une

Nation ne peuvent avec justice se préférer au tout. En vivant en Société, l'homme a dû prévoir que nulle puissance humaine ne pouvoit le garantir des coups de la nécessité, ni des inconvénients attachés à l'association qui, en augmentant les biens dont il jouit, ne peut pas l'exempter de tous maux. Le Sujet seroit donc déraisonnable, s'il prétendoit à un bonheur permanent; il seroit un ingrat, si, après avoir éprouvé les plaisirs de l'association, il refusoit d'en partager les peines; il ressembleroit à ces hommes mercénaires qui ne s'attachent à leurs amis, que dans la vue de profiter de leur opulence, & qui les abandonnent aux approches de l'infortune. Les Loix cessent-elles de me protéger? Des Souverains injustes me privent-ils des biens que la Nature m'a rendus nécessaires? Une administration insensée me livre-t-elle sans défense à l'oppression? La Société, si elle se tait, manque à ses engagements; rendu alors à moi-même, je puis quitter une Patrie qui n'est plus qu'une prison pour moi. Dégagé de mes liens, tout m'autorise à chercher en d'autres lieux, un bonheur auquel ma nature me fait tendre sans cesse. Le Citoyen vertueux n'excite jamais de troubles. Quand la Patrie se plaint, il joint sa voix à la sienne; quand il est seul à plaindre, il souffre avec courage, ou il s'éloigne d'une Société où il ne trouve point les avantages qu'il avoit droit d'espérer.

§. XI. *De l'inégalité entre les Citoyens.*

La Nature ayant rendu les hommes inégaux par les forces du corps, les dispositions du cœur & les talents de l'esprit, la Société, en vue de son bien-être, doit pareillement mettre de la différence entre ses membres, & proportionner son estime, son affection & ses récompenses à l'utilité, c'est-à-dire au mérite, aux facultés, aux vertus des Citoyens qui la composent. Delà naissent différents ordres de Citoyens, distingués les uns des autres par leurs départements & leurs fonctions, qui, par des voies différentes, doivent concourir au plan général de l'association. L'objet du Gouvernement & des Loix doit être de diriger vers l'intérêt général, toutes les facultés des Sujets & par conséquent d'empêcher qu'aucun des membres de l'Etat n'abuse contre les autres des avantages qu'ils possedent. Les besoins d'une Nation exigent que les Citoyens s'occupent d'objets divers; par là il s'établit un échange de secours sans lequel l'association ne pourroit subsister. Depuis le Citoyen que le préjugé regarde comme le plus vil, jusqu'à celui qui gouverne l'Etat, il doit se former une chaîne de services, seuls liens qui puissent unir entre eux des êtres de la même nature. Le Peuple obligé de travailler pour sa subsistance s'occupe des ouvrages les plus pénibles, de la culture des terres, du commerce, des arts; en échange des services qu'il reçoit de ses Concitoyens, il les nourrit, il les vêt, il leur procure les besoins & les agréments de la vie; il travaille pour ceux qui s'engagent à le gouverner, à veiller pour sa sûreté, à méditer pour lui, à s'occuper de ses besoins, à maintenir la tranquillité nécessaire à ses travaux, à terminer ses disputes. Sans ces secours mutuels, la Société ne tarderoit point à se détruire. Tout

Citoyen doit concourir au bien public à sa maniere. Dans un Etat bien gouverné la vertu, l'utilité, l'industrie, l'activité, les talents doivent être la mesure invariable des récompenses. L'homme inutile interrompt la chaîne qui lie les Citoyens, l'homme criminel la brise.

§. XII. *Origine des rangs.*

Si l'utilité dont les Sujets sont à l'Etat met de l'inégalité entre eux, cette inégalité est compensée par le besoin que tous ont des mêmes secours. Ainsi dans une Société bien réglée, nul homme n'est méprisable, dès qu'il est vraiment utile; tout Citoyen est précieux, dès qu'il remplit les fonctions que son rang lui assigne. Le Souverain est, sans doute, le plus utile des Citoyens, dès que ses soins répandent le bonheur sur toute la Société; sa grandeur n'est fondée que sur l'étendue de son utilité, de ses talents, de sa vigilance. Le Sujet le plus estimable est celui de qui la Société retire le plus de secours. Ainsi la nature de la Société veut que tous ses membres lui soient chers, dès que, fideles à leurs engagements, ils concourent à l'utilité commune; elle veut que sa tendresse & son estime se proportionnent à l'étendue des avantages qu'on lui fait éprouver. Elle veut que le mépris, la haîne & les punitions soient le partage de ceux qui lui sont inutiles ou nuisibles.

L'amour de soi, l'intérêt personnel, le desir d'être préféré à ses semblables, sont des sentimens qui se montrent dans tous les hommes. Ceux qui gouvernent une Société, n'ont pas de mobile plus puissant pour faire servir ses membres à l'utilité générale. Le Gouvernement doit flatter les passions des Citoyens utiles à l'Etat, en leur donnant de l'autorité, des titres, des marques de préférences, des récompenses qui les distinguent de leurs Concitoyens: ceux-ci consentent à cette partialité apparente, en vue des avantages qu'ils attendent eux-mêmes de ceux qu'on éleve sur leurs têtes. Ces préférences, auxquelles la Société souscrit, mettent ceux qui la servent à portée de jouir plus heureusement de leur existence, que ceux d'entre ses membres à qui elle n'a point les mêmes obligations.

§. XIII. *Des Récompenses Publiques.*

Les récompenses sont ou des biens physiques, ou des avantages fondés sur l'opinion; elles procurent, ou un bien-être sensible & matériel, ou une satisfaction intérieure & idéale qui résulte de l'estime, du respect & des distinctions, motifs faits pour toucher des êtres dont chacun se préfere à ses semblables. C'est ainsi que l'amour de soi, & les passions des Citoyens, convenablement dirigées, tournent au profit de la Société. Telle est l'origine des rangs divers que les vertus, les talents, les emplois, la naissance, les richesses mettent entre les Citoyens. Ces distinctions sont fondées sur un sacrifice que les membres associés font de l'égalité, ou même de la préférence que chacun d'eux desire pour lui-même, en faveur des bienfaits qu'ils ont reçus ou qu'ils attendent. Ce sacrifice n'est point gratuit: les hommes, à moins d'être aveugles, n'accordent leur tendresse, leurs respects & leur reconnoissance à quelques-uns de leurs pareils, ne s'intéressent à leur bien-être, ne leur immolent leur intérêt particulier, qu'en vue des avantages qu'ils en retirent ou qu'ils se croient en droit d'en espérer. Le respect pour l'Autorité, la déférence qu'on montre au rang, l'obéissance à l'ordre des personnes distinguées ne sont que des expressions de la disposition où nous sommes de reconnoître le mérite, les talents, la supériorité, l'utilité de ceux que la Société nous préfere. Le Citoyen opulent ne se fait respecter de l'indigent, que parce que celui-ci voit en lui un homme utile pour lui-même & pour d'autres Le Citoyen obscur voit dans le Citoyen puissant, un protecteur, un appui. L'avare est l'objet du mépris; parce que son trésor est inutile. Le puissant devient l'objet de la haine, dès qu'il opprime. Dès qu'on nous est inutile ou nuisible, nous n'éprouvons que de l'indifférence ou de la haîne. La considération ne peut être fondée que sur l'amour, & l'amour n'est fondé que sur le bien que l'on reçoit; aimer, estimer, respecter ce qui est inutile ou dangereux, seroit une pure folie.

Si nous avons pour le rang, la naissance, le crédit, le pouvoir les sentimens qui ne sont dûs qu'à la personne & aux avantages qu'elle nous procure, nous sommes les dupes de quelqu'erreur, ou nous mentons à nous-mêmes. Sous un mauvais Gouvernement l'affection pour la puissance n'est qu'une hypocrisie, un mensonge, un effet de la crainte.

Ce n'est que pour son bien, que la Société

peut consentir à l'inégalité qui s'établit entre ses membres; dès qu'elle accorde son amour, sa considération & son estime à des qualités méprisables ou haïssables, elle est la dupe de l'habitude, de l'opinion, de l'ignorance & de ses vues bornées. Cela posé, voyons quels sont les devoirs, les prérogatives & les droits des différentes classes de Citoyens dans lesquelles une Nation est communément partagée; si l'utilité est la source légitime des rangs, des titres, des honneurs que l'on accorde à quelques Sujets préférablement aux autres, pesons les avantages que procurent à l'Etat ceux qui jouissent de ces distinctions; mettons les hommes dans la balance, comparons-les aux fruits que la Société en retire, & nous ne nous tromperons jamais sur les jugements que nous en devons porter. La Nature a fait les hommes égaux pour les droits, pour les desirs, pour l'amour du bonheur & de l'indépendance, mais elle les a fait inégaux pour les facultés ou les moyens de contenter leurs vœux: ils ne peuvent raisonnablement faire céder leurs penchants propres à ceux de leurs semblables, qu'en vertu des avantages qui en résultent pour eux-mêmes. Le Citoyen distingué prend donc des engagements avec ceux qui le distinguent; ceux-ci ne peuvent avoir pour lui, les sentiments qu'il demande, que lorsqu'il remplit à leur égard les conditions de ses engagements. C'est un abus que de considérer ou de distinguer l'inutilité; un Citoyen inutile est un mauvais Citoyen. L'utilité seule peut fonder les prétentions, les prérogatives & les titres du Monarque, ainsi que celles du plus humble des Sujets. Nous avons examiné les droits des Souverains,

verains, voyons maintenant ceux des autres Citoyens, & commençons par ceux des *Représentants* d'une Nation.

§. XIV. *Des Représentans d'une Nation.*

On a vû ci-devant que, sous un Gouvernement sagement tempéré, la Nation étoit représentée par un Corps ou Sénat destiné à prévenir les abus de l'Autorité Souveraine, & qui, pour ainsi dire, formoit une moyenne proportionnelle entre le Peuple & le Monarque. Telles sont les fonctions des *Représentants* d'une Nation; leurs droits, inviolables pour le Souverain, sont respectables pour les Peuples, tant qu'ils s'acquittent fidélement des devoirs qui leur sont imposés par leurs Constituants; tant qu'ils veillent à leurs intérêts; tant que leurs lumieres découvrent les maux dont la Nation peut se plaindre & en indiquent les remedes; tant qu'ils résistent aux volontés contraires au vœu général des Sujets. Mais les prérogatives & les droits des Représentants de la Société disparoissent, lorsque devenus des organes infideles du Peuple, de qui leur pouvoir est émané, ils les livrent à l'oppression, ils concourent aux infractions que l'Autorité fait aux Loix, ils se prêtent aux vues injustes d'un Souverain ou de ses Ministres; enfin lorsqu'ils leur rendent & leur livrent les biens & la liberté de leurs Concitoyens. Leur pouvoir n'est plus alors qu'une usurpation manifeste; ils en abusent, lorsqu'ils violent eux-mêmes les loix qu'ils sont faits pour maintenir; lorsque sous prétexte de leurs prérogatives, ils s'arrogent le droit d'être injustes impunément; lorsqu'ils pré-

Contraste insuffisant

NF Z 43-120-14

tendent à des exemptions onéreuses à leurs Concitoyens, auxquels ils doivent l'exemple; lorsqu'ils tiennent un langage désavoué par leurs Constituants; enfin lorsqu'en proie à l'esprit de corps, aux factions, aux cabales, ils font céder le bien public à leurs passions, à leur ambition, à leur avarice: ils ne sont alors que des interprêtes infideles, des factieux & des traîtres dont les Constituants sont en droit de révoquer les pouvoirs. Les Représentants d'un Peuple ont droit de le servir, de parler en son nom d'une façon moins tumultueuse qu'il ne feroit lui-même, de veiller à son bonheur que souvent il méconnoît; jamais ils n'ont le droit de l'asservir. Si la Société ne peut elle-même renoncer à ses droits, est-il quelqu'un qui puisse y renoncer pour elle? Personne ne peut parler pour elle, que lorsqu'elle consent à ne point parler elle-même.

§. XV. *Quels ils doivent être.*

On demandera, peut-être, dans un Etat bien constitué qui sont ceux qui ont naturellement le droit de représenter la Nation? Je réponds que ce sont les Citoyens les plus à portée de connoître son état, ses besoins & ses droits, & les plus intéressés à la félicité publique. Il faut des talents, des lumieres, de la probité pour parler au nom d'une Nation; il faut être lié d'intérêts avec elle, pour la représenter fidélement. Mais qu'est-ce qui lie le Citoyen à sa Patrie? Ce sont les possessions desquelles dépend son propre bien-être; c'est la terre qu'il possede qui lui rend cette Patrie chere; c'est cette possession qui l'identifie avec son pays; c'est sur la terre que retombent, soit directement, soit indirectement, les impôts, les biens & les maux qui arrivent à une Nation; c'est pour défendre la possession de la terre, que la guerre est destinée; c'est pour faire circuler les dons que la terre produit, que le commerce est nécessaire; c'est pour assûrer les terres à leurs propriétaires, que la jurisprudence est utile. Ainsi la possession de la terre constitue le vrai Citoyen; & tout vrai Citoyen doit être représenté dans l'Etat, il doit y parler en raison de l'intérêt qu'il a dans la chose publique. La brigue, la vénalité ne donneront jamais de fideles Représentants à une Nation; elle ne sera pour lors représentée que par des hommes incapables qui auront assez d'argent pour acheter des suffrages, ou par des ambitieux & des avares qui la revendront pour des titres, des honneurs ou des richesses; ou par des factieux qui la déchireront.

La corruption est la ruine d'un Gouvernement tempéré; un Peuple ne peut être représenté fidélement, s'il vend à ses Concitoyens le droit de parler pour lui; les hommes n'achetent communément, que pour revendre à profit; un Citoyen vertueux ne s'abaisse point à acheter les suffrages d'un Peuple qu'il ne pourroit consentir à livrer. Un Peuple qui se vend devient complice des trahisons qu'on lui fait; en vendant ses suffrages à ses Représentants, il autorise ceux-ci à vendre les leurs.

On nous dira, peut-être, que le Peuple n'est point un juge compétent du mérite des Candidats qui par leurs possessions sont dans le cas de prétendre à l'honneur de le représenter. Je réponds que le Peuple se trompe rarement sur le caractere des Citoyens qu'il a sous ses yeux; s'il ne choisissoit jamais pour ses Représentants que des hommes établis dans sa ville, dans son bourg, dans sa Province, il en jugeroit sainement & sauroit ce qu'il a droit d'en attendre; un homme éclairé, honnête & vertueux, un Citoyen riche & bon n'est jamais inconnu dans le canton qu'il habite. Otez la corruption, & les choix du Peuple seront communément très sensés.

§. XVI. *Doivent stipuler pour tous.*

Nul ordre de Citoyens, nul corps dans l'Etat ne peut raisonnablement s'arroger le droit de représenter uniquement la Nation; sans celà le Gouvernement dégénere bientôt en une Aristocratie funeste au Monarque & au reste des Sujets. Dans un Etat bien constitué, les différentes classes des Citoyens doivent se balancer les unes les autres, sans qu'aucune prenne un ascendant trop marqué; si la chose arrivoit, la classe devenue dominante deviendroit bientôt la maîtresse de l'Etat & l'équilibre seroit détruit.

Nous aurons occasion de faire voir que dans l'origine de presque tous les Gouvernements modernes, des Guerriers ou des *Nobles* se sont crus autorisés par la conquête à représenter exclusivement & pour toujours les Nations conquises, & peu-à-peu sont parvenus à ne faire des Souverains, que des phantômes, & du Peuple, que des esclaves. Tout Corps nombreux, lorsqu'il n'est pas contenu, ne s'occupe que de lui-même, ne stipule que ses propres intérêts, devient le centre unique de la Société, & dégénere peu-à-peu en une espece de Démocratie, où l'on voit les factions, la licence & l'anarchie de ce Gouvernement si précaire. Si le corps des Nobles a usurpé cet ascendant, l'histoire nous le montre réuni pour asservir les Rois, pour faire taire les Loix, pour écraser le Cultivateur, pour soumettre le Commerce à ses extorsions, & ensuite nous voyons ses membres se déchirer par des guerres.

QUAND le *Clergé* prend un pouvoir illimité, nous le voyons de même subjuguer les Monarques & les Peuples, disposer des Couronnes, décider en Souverain, influer sur les Loix, dépouiller les Citoyens, se diviser en factions, & faire entrer les Nations dans ses fatales querelles: la même chose arrivera toujours, quand un Corps usurpera seul le droit de parler pour tous les autres. L'esprit de Corps anéantit l'esprit patriotique; le bien public est négligé, & tout tend à augmenter les prérogatives d'un petit nombre de Citoyens qui ne songent qu'à eux-mêmes, & qui souvent deviennent des Tyrans plus incommodes & plus cruels que le Despote le plus effréné. Un Despote est préférable à un Corps Despotique; de toutes les Tyrannies, la Tyrannie Démocratique est la plus cruelle & la moins raisonnée.

POUR prévenir ces inconvénients, il faut que le pouvoir soit partagé. Les différentes classes des Citoyens sont également utiles à l'Etat; ainsi toutes doivent jouir du droit de parler & de stipuler leurs intérêts respectifs. Le Noble ne doit pas stipuler pour l'homme de loi, le Cultivateur ou le Marchand, dont les intérêts lui sont communément étrangers; l'homme de Loi ignore la guerre, le commerce & la politique; l'homme d'Eglise se soucie communément fort peu du bien public, pourvû qu'il domine l'esprit de ses Concitoyens. Le Commerçant ne stipule que les intérêts de son commerce ou de son avidité.

§. XVII. *Du Peuple.*

Le Peuple constitue la partie la plus nombreuse de la Société; c'est lui qui forme le Corps de la Nation; c'est de lui surtout que le Gouvernement doit s'occuper; c'est sur lui qu'il doit veiller. Livré à des travaux pénibles & nécessaires, si l'homme du Peuple manque communément de lumieres, il procure la subsistance, l'abondance, le superflu, les agréments de la vie, la splendeur à ceux qui le gouvernent, à ceux qui le défendent, à ceux qui l'instruisent, à ceux qui le maintiennent dans la jouissance de ses droits: en échange, ceux-ci doivent s'occuper de sa sûreté, de sa tranquillité, de son bonheur: c'est de ce Peuple, sur qui la grandeur daigne à peine laisser tomber ses regards, que dérivent originairement tous les biens de la Société; c'est en lui que réside sa force; c'est de son sein que se tirent les soldats qui, en faveur de la sûreté extérieure qu'ils procurent par leur valeur, reçoivent de leurs Concitoyens leur subsistance & leurs besoins.

DANS un Etat Démocratique, le Peuple en corps ou ses Représentans demeurent dépositaire de l'Autorité Souveraine. Sous la Monarchie tempérée, le Peuple conserve la portion de pouvoir que la Nation s'est originairement réservée par les Loix fondamentales & primitives de l'Etat. Il parle par ses Représentants qui deviennent ses tuteurs, & qui, bien mieux que lui, sont censés capables de veiller à sa sûreté

SOUS un Despote, le Peuple écrasé est l'objet des mépris d'un Maître qui ne le regarde que comme un vil bétail, destiné à travailler pour lui & à devenir la victime de son ambition & de sa voracité. Aux yeux d'un Sultan orgueilleux, la partie laborieuse de ses Sujets n'est qu'un amas d'esclaves peu dignes de ses soins qui, méprisés de leur maître, s'avilissent à leurs propres yeux, tombent dans l'abattement & la paresse; aveuglés par l'ignorance & le préjugé, ces grands mobiles de la tyrannie, ils se croient nés pour les fers, & n'opposent aucune résistance aux injustes oppresseurs qui de jour en jour abusent de leur foiblesse pour appesantir leurs chaînes.

IL n'y a qu'un Gouvernement tempéré par les Loix, qui place le Peuple dans un juste milieu. Le Peuple, sans doute, n'est point fait pour commander; il en seroit incapable; une liberté trop étendue ne tarderoit point chez lui à dégénérer en licence. Qu'il soit donc contenu & garanti de sa propre folie ou de son inexpérience: que sa voix trop tumultueuse, quand il parle lui-même, soit adoucie par des organes prudents qui parleront pour lui; des Représentans, des Magistrats honnêtes veilleront plus sûrement à ses intérêts que souvent il ignore ou s'exagere, ou ne sait point stipuler; le joug lui paroîtra plus doux par la confiance qu'il a pour ceux qui le représentent: au moins se flattera-t-il que leurs intérêts seront les mêmes que les siens. L'assurance où il sera pour sa personne & ses biens, lui donnera de l'activité, élevera son cœur, lui donnera du courage, lui inspirera un attachement raisonné pour ses Loix, pour sa Patrie, pour son Gouvernement; ses forces se déploieront, toutes les fois que des objets si chers se trouveront menacés.

§. XVIII *Il ne faut point l'accabler.*

C'EST une maxime inventée par la tyrannie & adoptée par l'incapacité, que le Peuple, pour être plus traitable, doit être tenu dans la misere. Un Gouvernement qui a pour maxime de rendre le Peuple malheureux & pauvre, afin de le rendre plus soumis, ressemble à un écuyer qui couperoit les jarets de son cheval pour pouvoir le monter avec plus de facilité. Un Peuple doit être occupé, sans doute, mais il ne doit point être accablé; si l'oisiveté le pervertit & le rend insolent, licentieux, la misere & l'excès du travail le rebutent, l'énervent, l'affoiblissent. Il n'y a que des tyrans qui consentent à régner par l'infortune; les Maîtres ignorants & corrompus ne connoissent d'autres mobiles, que la terreur & l'indigence, pour contenir leurs Sujets. Quels secours l'Etat peut-il se promettre de cadavres vivants, exténués par la fatigue & la faim? Comment inspirer de l'ardeur pour défendre leur pays & leurs Loix, à des hommes pour qui la vie est un fardeau & qui n'ont rien à défendre? Comment faire prendre des sentimens généreux à des hommes que d'injustes préférences & des préjugés honteux dégradent à tout moment? C'est toujours l'oppression, l'injustice, la tyrannie qui rendent le Peuple séditieux: il ne haït ses maîtres que lorsqu'ils sont haïssables. Les hommes les plus grossiers desirent & sentent le bonheur. Un laboureur, un artisan sont-ils donc incapables de distinguer le bien du mal qu'on leur procure? Faut-il bien des lumieres pour sentir la différence d'un pouvoir qui opprime, de celui qui protege; le crédit qui accable, de l'appui que donnent les Loix; l'abondance de la misere? Il est vrai que le Peuple ne peut gueres juger des objets de la Politique extérieure; mais l'homme le moins éclairé sent bien s'il est heureux ou non, & si ceux qui le gouvernent, méritent son affection ou sa haîne. Il distingue aisément si les calamités qu'il éprouve sont des effets de la Nature ou d'une administration injuste & négligente: quelque foible que l'on suppose sa raison, il lui en reste assez pour savoir qu'il doit son amour à ceux qui travaillent à son bien-être, son indifférence à ceux qui le négligent, son inimitié à ceux qui l'oppriment. En général, la voix du Peuple se trompe rarement sur le mérite. Ses décisions en ce genre sont bien plus sûres, que celles d'un Despote imbécille, dupé par les intrigues de sa Cour. Laissez à l'armée le choix de ses Généraux; laissez au Peuple le choix de ses Magistrats & Représentants; écartez la corruption, & il fera pour l'ordinaire des choix très équitables.

§. XIX. *Est souvent trop négligé.*

PAR un vice commun à tous les Gouvernements, la partie la plus nombreuse des Nations est pour l'ordinaire la plus négligée; il sembleroit que ce n'est que pour les Princes, pour les Riches, pour les Grands, que les Sociétés se sont formées; on diroit que le Peuple n'entre dans l'association, que pour épargner à ceux qui sont déjà les plus heureux, la peine de travailler eux-mêmes. Ainsi le petit nombre entraîne presque par-tout la balance, & une Nation passe pour bien gouvernée, dès que la partie la plus avantagée est contente de son sort.

UNE administration équitable doit s'occuper par préférence du bien-être du grand nombre. Si les Rois sont les peres de leurs Sujets, ils doivent des soins plus marqués à ceux que leur défaut de lumieres & d'expérience rapproche le plus de l'état de l'enfance; lorsque le Peuple est sagement guidé, il fait la puissance, la richesse & la force d'un Etat. Si ses travaux l'empêchent de cultiver son esprit & de développer sa raison, il en a plus de droits à l'attention de ses Maîtres. Plus des enfants sont foibles, plus ils exigent de vigilance de la part de ceux qui les conduisent. De quel droit le Peuple seroit-il l'objet du mepris des Princes, des Riches & des Grands? Ne seroient-ils point Peuple eux-mêmes, si le Peuple ne travailloit pour eux? Mépriser le Peuple, c'est mépriser la source des avantages dont les Princes & les Grands jouissent eux-mêmes & dont ils ne jouiroient pas sans le Peuple.

§. XX. *De l'instruction du Peuple.*

Le desir de plaire au Peuple, de lui être utile, de satisfaire ses besoins, de l'instruire, de le rendre bon est la marque certaine d'une sage administration. Un Gouvernement bienfaisant doit surtout s'occuper des mœurs. Une Nation sans mœurs annonce une administration négligente & perverse. L'oisiveté, la débauche, les crimes multipliés, la mendicité sont dans une Nation des signes indubitables qu'elle est mal gouvernée. Rien ne corrompt plus efficacement toutes les classes du Peuple, que l'exemple des Princes, des Riches & des Grands que chacun se propose pour modele, & dont il a besoin pour subsister.

Rien de plus étonnant que le peu de soin que les conducteurs des Peuples se donnent pour leur instruction; elle est par-tout abandonnée aux ministres de la Religion, bien plus occupés d'éblouir les esprits par des fables, des merveilles, des mysteres, des pratiques, que de former les cœurs par les préceptes d'une morale humaine & naturelle. Le Peuple est par-tout dévôt & religieux sans avoir des idées vraies de la vertu: par-tout il a de la religion qu'il trouve le moyen d'allier avec la débauche, la crapule, la fraude. Par-tout on lui laisse ignorer les devoirs de la Société. Par-tout on craint qu'il ne s'éclaire & on l'empêche de cultiver sa raison. Plus le Despotisme s'appesantit sur les hommes, moins il veut qu'on les éclaire. Malheur à ceux qui ne gouvernent que des esclaves privés de lumieres & de raison, dont les mœurs seront toujours féroces & criminelles!

L'INSTRUCTION des Peuples devroit être l'objet le plus essentiel de tout Gouvernement. Les Princes ne sentiront-ils jamais l'avantage inestimable de commander à des êtres raisonnables? Il n'y a que la Tyrannie qui mette sa gloire à régner sur des aveugles & des barbares. Vouloir que les hommes demeurent dans les ténebres, c'est vouloir qu'ils soient méchants. Tyrans! il vous faut des Sujets ignorants, crédules & corrompus : il vous faut des esclaves superstitieux qui croient que c'est du ciel que viennent les maux produits par vos délires, votre négligence, vos oppressions, vos cruautés. Mais vous vous flattez en vain de trouver votre sûreté dans leur aveuglement. Des sauvages sont toujours féroces; des stupides sont toujours crédules, inconsidérés. Craignez donc qu'on ne les irrite contre leurs chaînes. Craignez qu'ils ne deviennent un jour les instruments de l'ambition & du fanatisme qui tourneront vos esclaves contre vous-mêmes.

POUR aimer son Gouvernement, il faut en connoître les avantages; il faut donc éclairer le Peuple, si l'on veut qu'il soit raisonnable & qu'il sente les inconvénients qui résulteroient pour lui de la séduction des hypocrites, des conseils des ambitieux, des déclamations fanatiques. Les lumieres rendront toujours un Peuple modéré; s'il est plongé dans l'ignorance, il deviendra le jouet des passions de tous les mauvais Citoyens. C'est par l'instruction générale que l'on peut rendre le Peuple raisonnable, lui faire sentir ses intérêts, le convaincre de l'attachement qu'il doit à son Gouvernement, à ses institutions, à ses devoirs, les avantages de la tranquillité, les dangers qui les menaceroient, s'il se prêtoit aux impulsions des traîtres & des flatteurs qui tenteroient de l'égarer. L'instruction est le moyen d'épargner à l'État les factions, les convulsions & les inquiétudes que l'ambition aidée de l'imposture y voudroit exciter. L'intérêt des Tyrans est que le Peuple n'ait ni lumieres, ni raison, ni volonté; sous un Gouvernement inique, il faut le réduire à l'abrutissement des bêtes; la lumiere ne serviroit qu'à lui faire sentir sa condition malheureuse & à lui montrer l'étendue de sa misere; empêcher qu'une Nation ne s'éclaire, est le signe indubitable d'une administration dépravée, qui n'a nulle envie de mieux faire.

§. XXI. *De la Milice.*

LES Soldats forment une classe de Citoyens destinés à défendre les autres contre les entreprises du dehors. En échange la Société leur fournit la subsistance, des distinctions, des récompenses proportionnées aux services qu'ils lui rendent. Si les Nations se bornoient aux avantages que la Nature leur accorde; si elles se laissoient jouir réciproquement des biens qui leur sont échus en partage, rien ne seroit plus inutile que d'entretenir, aux dépens de leur population, des armées nombreuses de Citoyens que les guerres détruisent, ou dont les bras demeurent oisifs pendant une grande partie de leur vie. D'un autre côté, si les circonstances malheureuses d'une Nation l'obligent à tenir sur pied un grand nombre de soldats, ses défenseurs ne tardent point à l'asservir elle-même. Sous un Despote, les défenſeurs de la Patrie ſont ſes plus dangereux ennemis.

Il faut dans toute Nation des hommes qui la défendent; la Patrie dans cette vue doit alimenter l'ardeur de ceux de ſes enfants qui conſentent à s'immoler pour elle; mais nul Gouvernement n'eſt en droit de les y forcer. Pour étouffer le deſir de ſe conſerver que la Nature inſpire à tout homme, il faut un courage dont tous les Citoyens ne ſont pas ſuſceptibles: la Société, n'étant faite que pour maintenir ſes membres dans les avantages de leur Nature, deviendroit injuste & cruelle envers ceux qu'elle prétendroit ſacrifier contre leur gré. Que l'on ne nous diſe point que ſans contrainte, perſonne n'expoſeroit ſes jours pour défendre ſon pays. Un Gouvernement qui procure à ſes Sujets des avantages réels, ne manquera jamais de défenſeurs.

Un Etat bien conſtitué doit être défendu par des Citoyens, par des hommes intéreſſés à la félicité publique, dependans de la Patrie, qui jurent fidélité à elle ſeule, & non par des mercenaires qui n'ont que l'intérêt de plaire à un maître injuſte, qui ſouvent s'en ſervira pour anéantir le bonheur public & pour ſubjuguer la Patrie. Il faut aux Nations des milices nationales, & non des milices royales ou des janiſſaires, toujours prêts à ſervir les paſſions d'un Sultan ou les folies d'un Viſir. Quels défenſeurs pour une Patrie, que des hommes voués par état aux volontés arbitraires de ceux qui ſont ſouvent les ennemis les plus avérés de cette Patrie!

Tout Citoyen doit être prêt à ſervir une Patrie heureuſe & libre; il combattra bien mieux qu'un eſclave mercenaire qui ſe bat pour ſon maître & jamais pour lui-même ou pour ſon pays. L'amour de la Patrie, & non le vil honneur de périr pour un Tyran, peut former des hommes courageux & magnanimes. La Patrie doit animer leur courage, à la vue de leurs propres intérêts. Rendez la Patrie chere aux hommes, & elle ſera bien défendue; vous n'aurez pas beſoin de violence, pour exciter à défendre un bien que tous deſireront de conſerver.

Ainsi la Société, en raiſon de ſes beſoins, peut & doit exciter par toutes ſortes d'avantages l'enthouſiaſme de ceux qui de plein gré conſentent à la défendre; ſi elle doit des récompenſes proportionnées aux ſervices qu'on lui rend, elle en doit ſur-tout à ceux qui expoſent leurs jours pour elle; tout prouve la néceſſité d'encourager des hommes aſſez généreux pour oublier leur propre conſervation, dès qu'il s'agit de celle de la Patrie. Voilà pourquoi le courage, la force, les talents militaires ſont dans toutes les Sociétés les qualités les mieux recompenſées: la gloire, la conſidération, l'honneur ſont les mobiles du Guerrier; il ceſſera d'être enthouſiaſte ſi l'on ceſſe de l'eſtimer. Mais l'éclat des vertus guerrieres ſe ternit aux yeux de la raiſon, dès qu'elles deviennent nuiſibles à la Patrie; elle ne reconnoît pour ſes enfans, que ceux qui la ſervent; celui qui ſert contre elle un Souverain injuſte, n'eſt que le ſatellite & le complice d'un tyran.

Il n'y a donc que le préjugé qui puiſſe faire conſidérer des guerriers qui, oubliant ce qu'ils, doivent à la Société, entrent dans les complots de ceux qui l'oppriment. Appellera-t'on *héros*, des traîtres qui prêtent lâchement leurs bras aux projets de la Tyrannie? Sont-ce des Citoyens, que des brigands devenus par état les instruments du caprice d'un seul homme contre les volontés & les droits de tous? Doit-on considérer des ingrats qui méconnoissent les bienfaits dont la Patrie est la source, & dont le Souverain n'est que le distributeur en son nom? Le Soldat qui combat pour son pays, qui défend sa liberté, ses possessions & ses Loix, est un Citoyen digne de son amour, de son estime & de ses récompenses; celui qui la livre à des maîtres injustes, est un perfide qui ne mérite que son mépris, sa haine & ses châtimens; c'est un enfant qui dans sa folie frappe la mere qui le nourrit, pour complaire à l'ennemi de sa famille.

Les hommes destinés par état à défendre la Patrie, peuvent-ils donc acquérir le droit de l'enchaîner, de mépriser leurs Concitoyens, d'enfreindre les Loix qui commandent à tous? Dans une Nation que ses circonstances exposent à des guerres fréquentes, la Politique doit, sans doute, entretenir l'esprit militaire, & favoriser cette grandeur d'ame qui brave les dangers & la mort; en un mot, elle doit exciter l'enthousiasme de l'honneur. Ainsi, que le Souverain distingue, récompense & honore, aux yeux des Peuples, les hommes dont la valeur est faite pour les soutenir; mais qu'il n'oublie jamais qu'une tendresse trop partiale pour eux, est capable de décourager & de rendre malheureux les autres ordres de l'Etat; que par une condescendance aveugle

aveugle il ne laisse point leurs excès impunis; les Loix sont faites pour commander également à tous les Citoyens; que les délits contre la Société soient punis par les tribunaux ordinaires; que les guerriers ne portent point dans les villes, la jurisprudence des armées. C'est le Cultivateur, l'Artisan, le Magistrat que le Soldat doit protéger, jamais il n'a droit de leur faire sentir, ni sa force, ni ses injustes mépris.

PAR l'imprudence ou l'intérêt personnel des Souverains, l'équilibre entre les Citoyens est détruit dans la plupart des Etats; les Nations civilisées sont encore gouvernées comme des hordes & des camps. Les honneurs, les richesses, les faveurs ne sont que pour les guerriers. Les Princes mêmes dont le pouvoir est le mieux affermi, semblent toujours se croire au tems de la conquête & régner sur une armée. Dans la plupart des Sociétés Politiques, le tout est communément sacrifié à la partie militaire: des préjugés vraiment sauvages gouvernent encore bien des Nations policées!

§. XXII. *Origine de la Noblesse.*

LA PLUPART des Gouvernements, comme on a vu, se sont établis par la force. Des conquérants ambitieux, non contents de distribuer les terres des Peuples vaincus aux coopérateurs de leurs exploits, ont encore voulu qu'en récompense de leurs travaux, ils conservassent toujours des privileges & de la supériorité sur le reste des Sujets. Dans les royaumes conquis, les guerriers seuls furent réputés des hommes, les autres Citoyens furent traités comme des bêtes. Telle est l'origine de la *Noblesse*. Souvent les Princes ne bornerent pas leurs bienfaits à la personne de ceux qui les avoient aidés dans leurs victoires; ils consentirent encore que les biens, les prérogatives, les dignités & les titres par lesquels ils les avoient distingués passassent à leur postérité; ils voulurent par là s'attacher plus fortement les familles de ceux dont ils avoient déjà éprouvé les services. C'est ainsi que la noblesse devint héréditaire. Les Monarques s'assûrerent par là les secours de plusieurs races qui, animées d'un même esprit & élevées comme leurs ancêtres dans les principes d'un attachement inviolable pour l'Autorité Souveraine, concourussent toujours à ses vues & fussent les appuis de sa puissance. La Noblesse fut donc dans presque toutes les Monarchies, le véritable soutien du trône; son intérêt l'identifia communément avec celui des Souverains; son sort fut inséparablement uni au leur. L'égalité à laquelle tendent les Démocraties ne s'accorde point avec l'orgueil d'un ordre qui rougiroit d'être confondu avec la foule des Citoyens. Si l'Aristocratie est plus favorable à quelques Nobles, le Gouvernement d'un seul ne laisse pas d'être le véritable élément de la Noblesse; toujours elle fut le conseil & le soutien des Rois; elle travailla pour leur grandeur, dont elle tiroit son éclat, ses privileges, ses richesses; elle ne chercha donc qu'à étendre un pouvoir duquel le sien dépendoit; elle traita avec hauteur le reste de la Société; elle prétendit presque toujours la représenter exclusivement. En effet, il fut assez naturel que les Chefs des Soldats qui avoient contribué à la conquête d'un Pays, qui avoient aidé de leurs conſeils & de leurs bras le Chef dans ſes expéditions, en un mot, dont le courage & la prudence avoient fondé les Empires, s'arrogeaſſent le droit de repréſenter l'armée qui dans le moment de la conquête dut toujours ſe regarder comme la Nation, tandis que le Peuple fut traité en ennemi. Il reſteroit ſimplement à examiner ſi ces titres primitifs, fondés ſur la conquête, la rapine & la force, ſont faits pour ſubſiſter toujours, &, ſi depuis que le conſentement de la Nation eut légitimé le Gouvernement établi par la violence, la Nation fut privée pour toujours de parler elle-même & de ſe faire repréſenter par ceux en qui elle plaçoit ſa confiance.

QUOI QU'IL en ſoit, en Europe les Chefs ou Repréſentants des armées furent conſultés par des Rois toujours armés. Une Nation belliqueuſe ne connoît que la guerre : ainſi les guerriers continuerent à décider avec leur Chef du ſort des Nations ; ils eurent ſeuls part à la légiſlation, & acquirent peu-à-peu une indépendance funeſte & le droit de tyranniſer les Peuples qu'eux-mêmes ou leurs ancêtres avoient aidé à ſubjuguer. En conſéquence, les Nobles formerent dans preſque tous les Gouvernements Européens, une Ariſtocratie plus ou moins ſubordonnée à la Monarchie. En effet les Rois, éclipſés par leurs vaſſaux puiſſants, ne devinrent ſouvent que des phantômes ſans pouvoir, & les Peuples gémirent ſous des tyrans multipliés dont aucune autorité ne put réprimer les excès. Dans pluſieurs pays, les plus puiſſants d'entre les vaſfaux s'érigerent eux-mêmes en Souverains qui, soumis pendant la guerre au Monarque, refuserent durant la paix de reconnoître son autorité; ils eurent sous eux d'autres vassaux ou des guerriers subordonnés qui furent obligés de les suivre soit dans les guerres entreprises par les Rois, soit dans celles qu'ils se firent sans cesse les uns aux autres, ou même à leurs communs Souverains. Ainsi les Etats furent déchirés par des Citoyens féroces & turbulents qui ne purent être contenus par aucunes Loix.

§. XXIII. *Aristocratie des Nobles sous le Gouvernement féodal.*

Tel fut, comme on a vu, le Gouvernement *féodal* dont nous trouvons encore aujourd'hui des traces plus ou moins marquées dans presque toutes les Nations du monde. Telle est l'origine des *fiefs*. On a déjà fait voir, en parlant des Gouvernements, l'absurdité de cette Aristocratie militaire. Si toute Aristocratie est dangereuse pour les Peuples, que penser d'une foule de Despotes ignorants & inhumains qui, au mépris des Souverains & des Loix, exerçoient sur les Peuples la tyrannie la moins raisonnée, & dont la prétendue liberté ne consistoit qu'à se livrer sans obstacles aux désordres de l'anarchie? C'est pourtant à ce Gouvernement, ou plutôt à ce désordre que les Nobles & les Grands tendent sans cesse! espérons néanmoins que les Peuples, instruits par les malheurs de leurs peres, ne consentiront jamais à se remettre dans des fers plus accablants, peut-être, que ceux du Despote le plus absolu. Que ce Gouvernement amené de Scythie & répandu en Europe par les barbares du Nord, demeure à jamais banni des Nations éclairées. Malgré les inconvénients de ce Gouvernement féodal sentis depuis tant de siecles, il se soutient encore dans des pays même où l'administration & les vues du Gouvernement ont totalement changé d'objets. Il en est même quelques-uns où, sous le nom de liberté, il se maintient dans toute sa rigueur. Presque par-tout les nobles, lors même que les changements de principes des Nations rendirent la guerre un objet moins nécessaire, se sont *cru les Représentants exclusifs des Nations où* ils vivoient.

§. XXIV. *Chûte de leur pouvoir.*

Soit par l'adresse des Monarques, soit par les dissensions des Nobles, soit par les efforts des Peuples que leurs vexations réduisirent quelquefois au désespoir, le Gouvernement Féodal s'est peu-à-peu affoibli dans la plupart des Etats; les Souverains sont enfin parvenus à rompre une digue aussi incommode à leur Autorité qu'à la liberté de leurs Sujets. Les Peuples recouvrerent une portion de liberté; ils obtinrent même quelquefois une part dans la législation à laquelle ils étoient intéressés. La Politique des Rois fut souvent obligée d'opposer les Peuples à leurs vassaux trop insolents: ils sentirent que leur propre intérêt vouloit que le Citoyen fût plus libre. D'autrefois les Peuples ne firent que changer de tyrans, & ne sortirent de l'oppression des Nobles, que pour tomber dans les fers d'un Monarque absolu & de sa cour. De quelque maniere que l'Autorité fût distribuée, la Noblesse ne laissa pas de former toujours une classe très distinguée ; elle fit un corps à part, & ne fut point confondue avec les Plébéiens que ses ancêtres avoient anciennement soumis & qu'une longue suite de siecles l'avoit accoutumée à dédaigner. Dépouillée d'une Autorité réelle, elle s'en dédommagea par l'éclat qu'elle emprunta du trône. Emule autrefois des Monarques, elle fut réduite à les servir, à ramper devant eux pour mériter leurs faveurs : alors elle leur prêta son bras pour tenir dans la dépendance le reste de la Nation ; asservie & dégradée elle-même, elle se ligua très souvent contre la liberté publique, & conserva sa fierté dans le sein même de l'esclavage ; elle ne plaça sa gloire, son honneur, ou plutôt sa vanité, que dans l'avantage de plaire à ses maîtres altiers, afin d'en obtenir de vains titres, des distinctions frivoles, & surtout le droit coupable de faire le mal impunément.

§. XXV. *Distinction des Nobles & des Roturiers.*

Ce fut dans le corps de la Noblesse, que les Princes choisirent communément leurs Courtisans, leurs Favoris & leurs Ministres. Les Nobles que la faveur du Prince ne distingua point d'une façon si marquée, vécurent souvent inutiles dans les possessions accordées jadis à leurs ancêtres, où ils exercerent sur leurs vassaux, dont ils se rendirent les juges, une sorte de jurisdiction quelquefois très barbare. Ils crurent que leur naissance les mettoit en droit de les vexer : il s'établit par là une foule de droits ridicules, une jurisprudence bizarre dont la raison peut à peine démêler les motifs & l'origine. Les Peuples furent toujours opprimés ſans que les Rois ſongeaſſent à y remédier, & les Seigneurs de terre continuerent à fonder leurs injuſtices ſur ce qu'un grand nombre de ſiecles auparavant les peres de leurs vaſſaux avoient été ſoumis & dépouillés par les guerriers leurs ancêtres.

Les Nobles, ou indépendants des Monarques, ou diſtingués par leurs faveurs, mais toujours accoutumés à regarder avec dédain des Peuples que la force, la crainte & une vénération traditionelle leur ſoumettoient, dûrent naturellement ſe perſuader qu'ils étoient des hommes privilégiés d'une eſpece différente, & d'une nature plus parfaite que leurs Concitoyens qu'ils voyoient indigents, foibles & ſoumis; ils crûrent qu'un ſang plus pur circuloit dans leurs propres veines, qu'une ame plus ſublime animoit leurs organes. Ces préjugés ridicules, auxquels les Princes furent intéreſſés à ſe prêter, ſe communiquerent à ceux-mêmes qu'ils dégradoient. Le *Roturier* ſe crut mépriſable, parce que le Noble le mépriſoit.

Ces idées établirent entre les Sujets une nouvelle inégalité d'opinion, mais réelle dans ſes effets, qui ne put manquer de paroître onéreuſe au reſte des Citoyens; ceux-ci ſe virent obligés de reſpecter des hommes qui, enivrés de l'orgueil de leur naiſſance, n'eurent que du mépris pour eux & ſe perſuaderent, que, ſans travail de leur part, la Société n'étoit faite que pour entretenir leur faſte & leur oiſiveté. Preſque par-tout la profeſſion des armes fut la ſeule qui convînt à la Nobleſſe; elle dédaigna toutes les autres; elle crut qu'il n'y avoit qu'un seul moyen honorable de servir la Patrie; sa vanité, favorisée par l'intérêt du Prince, lui fit regarder comme basses & déshonorantes, les professions les plus utiles, même lorsque l'indigence les lui rendoit nécessaires. Ainsi une sotte vanité condamna la Noblesse à l'ignorance, à l'oisiveté; se battre fut sa seule science; le courage sa seule vertu; servir un maître fut pour elle le seul chemin de l'honneur.

Les prérogatives & les faveurs dont les Nobles furent comblés dûrent nécessairement faire de la noblesse, un objet d'émulation & de jalousie pour le reste des Sujets; le Plébéien fut malheureux par la différence énorme qu'il vit s'établir entre lui & des hommes qui, quelque mérite qu'il montrât, lui furent toujours préférés. Les Princes distributeurs des récompenses firent tourner cette émulation quelquefois au profit de l'Etat, mais plus souvent au leur: ils récompenserent le mérite, les talents, les services, enfin les richesses mêmes de quelques-uns de leurs Sujets, en les associant à un corps qui excitoit leur envie; ils leur accorderent les mêmes privileges que le hazard de la naissance procuroit à ceux qui étoient descendus des anciens fondateurs de la Monarchie. Ces Citoyens ennoblis jouirent donc de quelques prérogatives en commun avec les autres. Mais quelque fussent les services que l'on voulut récompenser en eux, l'orgueil des Nobles d'extraction & les préjugés des Peuples continuerent à mettre entre eux une différence très marquée. Le mérite souvent fictif des ancêtres l'emporta dans l'esprit des Nations sur le mérite personnel; la naissance donna des droits bien plus incontestables que les talents ou l'utilité présente. Plus le Noble s'éloigna de la source de son illustration, plus cette source fut inconnue, & plus il fut considéré.

Ce n'est que sous un Gouvernement équitable que les rangs des Sujets sont réellement fixés. Les Nobles, distingués par leurs possessions, par leur naissance, par les services de leurs ancêtres, & encore plus par leurs qualités & leur mérite personnel sont des objets respectables pour leurs Concitoyens; ils sont à portée de les servir, sans jamais acquérir le droit de les opprimer. Sous le Gouvernement Féodal, les Nobles sont des Tyrans que nul pouvoir n'empêche d'abuser contre les Peuples, d'un pouvoir dont le Monarque est dépouillé. Sous l'Aristocratie, le Noble est Magistrat ou Souverain, il sépare très souvent l'intérêt de son Corps de l'intérêt du Peuple, auquel il fait sentir sa propre supériorité d'une façon très cruelle. Le Gouvernement des Nobles n'est, d'après l'expérience, rien moins que favorable au reste des Citoyens, & leur déplaît souvent autant & plus que la Monarchie absolue.

Sous un Gouvernement arbitraire, il n'est de grandeur que celle du Despote; son soufle fait disparoître les hommes les plus élevés; sa volonté les replonge dans la foule des Sujets; les Grands n'y sont que des malheureux, qui n'ont d'appui que le caprice de leur maître. En effet, sont-ce des Nobles que des hommes que l'intérêt le plus vil met dans une dépendance continuelle? Sont-ce des Grands, que ces valets rampants qui disputent entre eux à qui rendra les services les plus bas à un maître hautain, & pour lesquels rien n'est abject, dès qu'il mene à la faveur? Quelles ames peuvent animer ces Courtisans qui consentent sans cesse à dévorer des affronts, des refus, des injustices? Quelle élévation dans les cœurs de tant d'indignes mendiants, de ces vils adulateurs qui, à force de bassesses, croient acquérir le droit de mépriser leurs Concitoyens? Dans ces hommes dégradés, la raison ne peut voir que des esclaves qui se vengent par leur insolence de l'opprobre dans lequel ils sont eux-mêmes plongés. Sous un Despote, toutes les idées se renversent; les Grands tirent leur gloire du sein même de l'infamie; leur éclat éphémere n'en impose qu'à des hommes plus vils qu'eux.

Dans les Gouvernements Asiatiques, où la volonté d'un Sultan regle le sort de tous, il n'est de rang que celui que donnent les emplois; les titres ne passent point à la postérité, & le fils d'un Visir rentre dans la troupe des esclaves. Chez le Musulman superstitieux, les descendants de son Prophete sont les seuls à qui la naissance donne quelque prérogative. Chez le Chinois la seule race de *Confucius* est regardée comme noble; la vénération pour ce Législateur Philosophe réjaillit encore sur sa postérité: dans cet Empire l'étude conduit seule aux dignités; l'Empereur ennoblit les ancêtres de tout homme qui se distingue par un mérite éclatant. Les Européens bien moins sages que ces Asiatiques, en faveur du nom des peres, dispensent les enfans d'être utiles, & les récompensent dès le berceau, de services qu'ils ne rendront jamais.

§. XXVI. *Des vrais titres de la Noblesse.*

Si l'utilité est le seul titre qui, aux yeux de la raison, marque le rang des Citoyens ; si le véritable honneur consiste dans l'estime de ses Concitoyens, méritée par des services & des vertus ; si un Gouvernement éclairé ne doit des récompenses qu'à ses meilleurs serviteurs ; si la considération, le respect & la reconnoissance ne sont dûs qu'à ceux qui s'en rendent dignes par eux-mêmes & par des bienfaits réels, quels sont les hommes que la Société regardera comme des êtres préférables au reste de ses membres ? Quelle idée se formera-t-elle de tant de Nobles & de Grands qui n'apportent d'autres titres que les conquêtes, les violences, les révoltes de leurs aïeux inquiets & sauvages ? Quelle considération personnelle peuvent mériter des êtres que la faveur aveugle se plaît à distinguer des autres ? Une Nation respectera-t-elle des feudataires inutiles qui pendant une longue suite de siecles ont croupi de race en race dans les domaines de leurs ancêtres ; dont les exploits se sont bornés à vexer impunément de timides vassaux qui nourrissoient leur oisiveté ? Verra-t-elle avec une reconnoissance bien fondée les descendants de quelques guerriers incommodes qui par leurs discordes meurtrieres ont tant de fois causé les malheurs de l'Etat ? Pourra-t-elle regarder comme ses vrais défenseurs des troupes mercenaires qui se rendent les instruments des violences de leurs maîtres & qui, au lieu de servir la Patrie, ne servent que l'Usurpateur qui l'opprime ? Enfin quel rang la raison assignera-t-elle à tant de Courtisans avilis qui ne connoissent d'autre Patrie, que la cour d'un maître, d'autre Loi, que son caprice, d'autres liens, que l'intérêt? Non, aux yeux du sage, un Citoyen n'est grand, que lorsqu'il sert fidélement & courageusement son pays; il ne mérite d'être distingué des autres, que lorsqu'il travaille plus utilement au bonheur de ses associés: il n'est noble que lorsqu'il a du mérite, des talents, des vertus.

§. XXVII. *Effets du préjugé de la naissance.*

L'on ne peut disconvenir que le préjugé de la naissance n'ait été dans la plupart des Gouvernements Européens la source des abus les plus pernicieux. Un Corps d'hommes qui, sans titre que celui de la naissance, peuvent prétendre aux richesses & aux honneurs, doit nécessairement décourager les autres classes des Citoyens. Ceux qui n'ont que des aïeux n'ont aucun droit aux récompenses; les talents ne se transmettent pas avec le nom; il naît souvent dans la condition la plus obscure des hommes

Qui sont tout par eux-mêmes, & rien par leurs aïeux,

VOLT.

Le Peuple, si dédaigné par des Princes superbes, & par leurs esclaves, fournit souvent des ames plus grandes, plus généreuses, plus nobles, que cette foule dorée qui entoure les Rois. Quand des hommes n'auront besoin que d'un nom pour parvenir à tout, ils négligeront bientôt de s'instruire, ils mépriseront la science & les emplois ne seront remplis que par des favoris incapables & ignorants.

SOUVERAINS éclairés, ne demandez point à vos Sujets ce que furent leurs aïeux; voyez ce qu'ils sont par eux-mêmes; encouragez, honorez, récompensez les talents personnels, & n'ayez point d'égard aux plaintes intéressées de ceux que le mérite offense, lorsqu'on le tire de l'obscurité. Que l'homme utile à la Patrie soit noble par lui-même, quelqu'aient été ses peres. Et vous Nobles de race! montrez par vos sentimens élevés, vos bienfaits, vos vertus, que vous êtes vraiment nobles, & dignes du rang que vous voulez occuper.

C'EST l'éducation, & non le sang qui forme des Citoyens capables de servir l'Etat. Que l'on prenne soin d'instruire les Sujets, de leur inspirer l'amour du bien public, de semer la vertu dans les cœurs, & bientôt une Nation se remplira d'hommes qui penseront noblement, qui agiront en héros, qui se distingueront par les services réels qu'ils rendront à leur pays. Que les dignités soient données au concours, & que personne ne soit privé du droit de concourir au bien général. La Politique perd un de ses plus grands ressorts, lorsqu'elle récompense le hazard & donne des privileges irrévocables à des hommes qui n'ont rien fait ou qui ne feront rien d'utile à la Patrie. En un mot, la noblesse héréditaire ne peut être regardée que comme un abus pernicieux, qui n'est propre qu'à favoriser l'indolence, la paresse & l'incapacité d'un ordre de Citoyens, au préjudice de tous. Peu de gens se mettront en peine d'acquérir du mérite & des talents, dès qu'ils seront assurés que leur nom suffira pour les conduire aux honneurs, aux richesses, à la considération publique.

C'est un abus, c'eſt un délire, que de récompenſer des Citoyens qui n'ont rien fait pour l'Etat ; mais, nous dira-t-on peut-être, les ancêtres de la nobleſſe actuelle ont utilement ſervi leur Patrie; mais ſervir un Souverain, n'eſt pas toujours ſervir la Patrie. Servir le Conquérant qui ſubjugue un Pays, ou prêter ſon bras au Tyran qui l'opprime, ne peut point paſſer pour des ſervices rendus à la Patrie. En ſuppoſant néanmoins que les aïeux d'un Noble actuel aient rendu des ſervices réels à la Société, la récompenſe n'eſt-elle point démeſurée, quand elle s'étend indéfiniment à ſa poſtérité? Si les enfants ne peuvent ſans injuſtice être punis des fautes de leurs peres, eſt-il plus juſte de les récompenſer de leurs vertus? La récompenſe dégénere en un véritable abus, lorſqu'elle s'étend à ceux qui n'ont rien mérité.

Il eſt des Nobles, même dans les Républiques: quelque ſoit l'amour du Républicain pour une égalité chimérique, il ne peut s'empêcher d'aſſigner un rang diſtingué à ſes Magiſtrats, à ſes Légiſlateurs, aux Hommes Illuſtres qui lui ont rendu des ſervices. Leur vénération s'étend même à leur poſtérité ; elle retrace aux yeux d'un Peuple reconnoiſſant les obligations qui l'attachent à des hommes vertueux dont le ſouvenir lui eſt cher.

Toute Nobleſſe eſt donc originairement fondée ſur les ſervices, ſur les bienfaits, ſur la vertu ; c'eſt une diſtinction accordée par le Souverain & ratifiée par la Société à quelques Citoyens, en échange des avantages qu'ils leur procurent. Le vice, l'inutilité, l'oiſiveté anéantiſſent cette diſtinction & ſont contraires à ſon eſſence. Ceux qui ſervent uniquement le Souverain dans ſes caprices & ſes paſſions, ſont des hommes vils que l'intérêt du maître peut lui faire regarder avec complaiſance, mais à qui la Nation ne doit que du mépris. Il n'y a que ceux qui ſervent leur Patrie ſous un Monarque occupé de ſon bonheur, qui ſoient vraiement illuſtres & reſpectables pour elle; toute autre diſtinction de ſa part n'eſt que le fruit du préjugé, de l'habitude ou d'une admiration ſtupide.

§. XXVIII. *Des Courtiſans.*

CEUX d'entre les Nobles que leurs fonctions ou la faveur du Prince approchent de ſa perſonne conſtituent une claſſe d'hommes connus ſous le nom de *Courtiſans*. Le Souverain combla de ſes faveurs, s'attacha plus particuliérement, honora de ſa confiance des hommes qui jouiſſoient de ſa familiarité, les ſeuls qu'il fût à portée de voir & de connoître. Ce fut parmi ces Courtiſans, que les Monarques choiſirent leurs Conſeillers, leurs Favoris, leurs Miniſtres, en un mot, ceux ſur qui ils ſe repoſerent des détails de l'adminiſtration. Tous les hommes ſont épris du deſir de dominer, d'être préférés à leurs ſemblables, d'acquérir de la conſidération & des richeſſes; la faveur du Souverain, qui conduiſoit à toutes ces choſes, devint donc l'objet de la jalouſie & des efforts des Courtiſans; chacun voulut avoir part aux bienfaits du maître, ou en devenir le diſtributeur. Rien ne fut omis pour parvenir à ce but; la flatterie la plus baſſe, les ſervices les plus honteux, les complaiſances les plus criminelles, les voies les plus infames; tout devint honorable & légitime pour des hommes avides, ambitieux & peu délicats sur les moyens de réussir. Tout s'ennoblit, dès qu'il conduit au pouvoir. La félicité, la liberté, les possessions des Peuples furent les sacrifices peu coûteux que le Courtisan fit toujours à ses maîtres. Une cour peut se définir une ligue perpétuelle formée entre quelques mauvais Citoyens pour corrompre le Souverain & opprimer les Sujets. Ce sont eux qui, dès l'enfance, inspirent aux Monarques des idées hautaines d'eux-mêmes & avilissantes pour les Nations; ils leur persuaderent que les Rois sont des Dieux, devant qui les Sociétés sont faites pour s'anéantir; ce sont eux qui leur insinuent que leurs Sujets leur doivent tout, & qu'ils ne doivent rien à leurs Sujets; ce sont eux qui leur suggerent qu'il n'est d'autre loi que leurs volontés; ce sont eux qui les entretiennent dans la mollesse, dans l'indolence, dans l'indifférence, dans l'inhumanité; ce sont eux qui rendent leurs cœurs inaccessibles aux cris des Peuples. En un mot, ce sont eux qui, sûrs de partager les dépouilles des Nations, font entendre aux Monarques enivrés que la personne, les biens & la vie des Sujets appartiennent à leurs maîtres & dépendent de leurs caprices.

§. XXIX. *Des Ministres.*

TOUT pouvoir dans un Etat ne s'établit qu'au préjudice d'un autre. Pour que les Ministres, les Favoris, les Courtisans soient puissants, il faut que le Prince soit foible. C'est

toujours

toujours ſous des Souverains endormis dans le vice, dans l'oubli de leurs devoirs, dans l'inaction, que leur pouvoir eſt le plus grand. Sous des Monarques négligents, diſſipés, incapables, les miniſtres ſont deſpotes, & les Peuples ſont les eſclaves & les jouets de quelques Favoris dont les intérêts divergents déchirent perpétuellement l'Etat. Sans l'œil vigilant d'un maître qui en impoſe, il ne peut y avoir ni ſyſtême, ni plan dans l'adminiſtration; le Gouvernement devient alors une machine compoſée de pieces & de reſſorts dont les mouvements ſe contrarient. Le Miniſtre qui pour ſes opérations a beſoin de la paix, ſera contredit par celui dont l'intérêt exigera la guerre; chacun n'aura pour but que de faire échouer les projets de ſon rival de faveur; très ſouvent les ſerviteurs du même maître ſont les plus cruels ennemis les uns des autres. La cour devient l'arene de leurs fureurs ouvertes ou cachées, & tôt ou tard le Souverain & l'Etat ſont les victimes d'une Oligarchie dangereuſe.

Nous voyons en effet dans un grand nombre d'Etats le pouvoir des Miniſtres s'établir ſur la ruine de l'Autorité Souveraine. Les Princes ſont les premieres victimes de la puiſſance que leur incapacité confie à des Sujets hautains qui, après s'être ſervi de l'Autorité Suprême pour aſſervir les Peuples, exercent ſur les Nations un pouvoir qu'aucun titre n'autoriſe. Peut-on regarder comme des Souverains véritables, ces Sultans Aſiatiques que l'inertie renferme dans l'enceinte d'un Palais impénétrable, que l'ennui livre à des amuſements honteux ou frivoles, que l'incapacité prive de la faculté de remplir aucun de leurs devoirs? Les ſeuls maîtres de ces Nations ſont les Viſirs qui les gouvernent ; les Monarques ne ſont alors que des Rois titulaires, dont l'exiſtence dépend de leurs propres eſclaves.

Les ſoins de l'adminiſtration ſont ſi variés, ſi compliqués; ſes détails ſont ſi multipliés, qu'il eſt preſque impoſſible que le génie d'un ſeul homme ſoit capable d'en embraſſer l'enſemble. Les Souverains ſont donc forcés de choiſir parmi leurs Sujets, des perſonnes qui partagent avec eux le fardeau des affaires; ils leur confient une portion de l'Autorité qu'ils ont eux-mêmes reçue de la Société. Si les Rois ſont les repréſentans de la volonté publique, les Miniſtres ne ſont que les repréſentants de la volonté des Rois. Un Monarque vertueux ſait qu'il eſt comptable à ſes Peuples de la conduite de ceux qu'il choiſit pour exercer ſa puiſſance: il ne peut donc permettre que d'autres abuſent en ſon nom d'une autorité dont la raiſon ne ſouffre pas qu'il abuſe lui-même; ſes Miniſtres ſont des Sujets, & le Monarque eſt Citoyen. Sous le Deſpotiſme le Monarque eſt un Dieu, & les miniſtres ſont des Rois; ſous la Tyrannie, le monſtre qui gouverne, repréſentant lui-même d'un Démon malfaiſant, ſe fait repréſenter à ſon tour par des bêtes auſſi cruelles & ſanguinaires que lui. Le vice endurci a ſeul droit d'être appellé aux conſeils des Tyrans; un mauvais Prince ne peut être ſervi que par des hommes qui lui reſſemblent. Un Miniſtre éclairé, bienfaiſant, équitable eſt un phénomene très rare, ou peut-être impoſſible; dans un mauvais Gouvernement, l'homme de bien, ou ne peut s'élever, ou a bientôt encouru la disgrace de son maître. Un Ministre ambitieux & pervers redoute le mérite; il aime mieux perdre l'Etat que d'appeller aux grands emplois, un homme capable de le soutenir ou de le relever. Rien ne peut égaler la crainte ou la haine que le mérite & les grands talents inspirent à la médiocrité ou à l'ignorance en pouvoir.

Si un Monarque bien intentionné ne peut entrer lui-même dans tous les détails de l'administration, il peut au moins éclairer la conduite de ceux à qui il les confie. Dès que la voix du Peuple pourra se faire entendre, elle ne tardera gueres à faire connoître à son Roi si sa confiance est bien ou mal placée. Sous un Prince équitable les Ministres ne peuvent pas longtems abuser de leur pouvoir; ils ne tyranniseront impunément que sous un maître incapable & sous un Gouvernement arbitraire, où la Nation asservie & réduite au silence est forcée de recevoir sans murmure les jougs multipliés qu'on voudra lui imposer; alors obligée de se taire, de se dissimuler à elle-même les malheurs qu'elle éprouve, elle détourne ses regards de la ruine qui la menace; elle voit avec indifférence des excès sans remedes.

Dans un Etat rien ne peut suppléer à la vigilance du Maître; ses Ministres sont des hommes que le pouvoir met à portée de donner un libre cours à toutes leurs passions; celle de conserver leur puissance est la plus forte dans ceux qui parviennent à ce rang. Pour peu que le Prince trop confiant ou trop foible cesse de veiller sur la conduite des dépositaires de l'Autorité, le bonheur de l'Etat eſt bientôt ſacrifié à leurs intérêts particuliers, & ſa Cour devient l'arene où leurs paſſions diſcordantes ſe livreront des combats, dont la Nation eſt toujours la victime. Au milieu de ces diſſenſions le bien public eſt négligé; l'Etat devient le jouet de quelques intriguants ambitieux qui tour-à-tour s'arrachent le pouvoir & ne s'occupent qu'à s'entre-détruire. Ces excès, que le Monarque ſeul peut réprimer, deviennent ſans remedes, lorſqu'il eſt incapable ou gouverné.

QUELQU'AMOUR qu'un Monarque ait pour ſes Peuples, ils ſeront malheureux, s'il ceſſe de les gouverner lui-même: comment connoîtroit-il leurs maux, ſi des Miniſtres perfides les lui déguiſent, & lui cachent l'abîme dans lequel leur noirceur, leur imprudence, leur folie ſont prêtes à le précipiter? Plus les Monarques ſont foibles, plus leurs Miniſtres ſont puiſſants. Sous de tels maîtres, les Peuples ſont ſouvent plus malheureux que ſous un Tyran décidé. Les vices de celui-ci s'étendent rarement au-delà de la ſphere qui l'environne; les Courtiſans qui l'entourent, les Favoris & les Miniſtres qui l'approchent, ſont communément les ſeules victimes d'une méchanceté qu'ils ont nourrie. Sous un Monarque ſans vigueur la Tyrannie ſe multiplie, & la Nation finit par devenir la proie d'un tas d'hommes intéreſſés au déſordre. Les Rois les plus humains deviennent des oppreſſeurs, lorſqu'ils ſouffrent que leurs Miniſtres oppriment. Les Peuples ne ſont-ils pas en droit de déteſter comme des Tyrans, ceux qui ne daignent point remédier à la tyrannie? Des Miniſtres pervers

brisent les liens qui unissent les Sujets à leurs Maîtres. Les Monarques sont responsables des excès de ceux qui gouvernent en leur nom. „ Les
„ Ministres, disoit un Roi de Perse, sont les
„ mains des Rois, les hommes ne jugent que
„ par eux du Souverain qui les gouverne. Il
„ faut qu'un Roi ait les yeux incessamment ou-
„ verts sur leur conduite; en vain rejetteroit-il
„ ses fautes sur eux au jour où les Peuples se
„ souleveront contre lui, il ressembleroit alors
„ à un assassin, qui s'excuseroit devant ses juges,
„ en disant que ce n'est point lui, mais son épée
„ qui a commis le crime.

La fermeté & la vigilance du Monarque peuvent donc seules contenir les passions de ses Ministres. Il doit les empêcher de perdre de vue les intérêts de ses Peuples; il doit étouffer leurs cabales & leurs intrigues: leurs menées sont inutiles sous le Prince qui regne par lui-même. Est-ce pour être gouvernées par quelques Sujets convertis en tyrans, que les Nations ont consenti à remettre leurs destinées entre les mains d'un seul homme? En se soumettant au Pouvoir Monarchique, les Peuples ont-ils voulu vivre sous une Oligarchie dangereuse? Les Rois eux-mêmes auroient-ils le dessein de confier leur autorité à des Citoyens capables d'aliéner d'eux les cœurs de leurs Sujets, de les rendre odieux à leurs Peuples, d'imprimer sur leurs fronts le signe de l'infamie aux yeux de la postérité? Un Prince pourroit-il consentir que les trésors, les graces & les distinctions de la Société ne servissent à récompenser que les bassesses de gens dont le mérite unique est de plaire à quelques-uns de ses esclaves?

Si des Monarques abſolus regardent leurs Etats comme leur patrimoine, qu'ils veillent au moins à ce que leurs biens ne ſoient point livrés au pillage. Dès que le Souverain ſe montre inſenſible au bien-être de ſon Etat, ſes Miniſtres bientôt négligeront de s'en occuper ; peu jaloux de l'opinion des autres hommes, ils ne ſongeront qu'aux plaiſirs, à la diſſipation, à leurs propres affaires. Qu'importe que l'Etat périſſe, pourvû qu'ils ſachent profiter de ſes dépouilles. L'indifférence du maître rend tous ſes Miniſtres indifférents. Uniquement occupés du moment, ils refuſeront de porter leurs regards ſur l'avenir. Ainſi bientôt tout tombera dans la décadence. L'honneur eſt l'unique mobile du Miniſtre ; ceſſe-t-il de craindre l'opinion publique? eſt-il inſenſible à la gloire? eſt-il dépourvu de juſtice & d'humanité? Eh bien ; il deviendra un Tyran ſans pudeur. Dès que le reſſort de l'honneur eſt amorti dans ſon cœur, il ne lui reſte plus qu'une crainte ſervile. Sous un Prince incapable, le Miniſtre n'a que ſes pareils à craindre; tout Souverain peu ſoigneux de ſa gloire n'eſt ſervi que par des intriguants qui ſacrifient & le Souverain & le Peuple à l'intérêt du moment.

§. XXX. *Devoirs & Fonctions des Miniſtres.*

Quelque ſoit la forme du Gouvernement, les Miniſtres appartiennent bien plus à la Nation qu'à ſon Chef. Ils ne peuvent avoir de fonctions plus ſublimes que celle de médiateurs & d'interprètes entre les Peuples & les Souverains. Ils feront connoître leurs beſoins au Monarque qui ne peut étendre ſes regards ſur toutes les parties d'un grand Empire: ils lui porteront les vœux de ſes Sujets, qu'une diſtance trop grande peut les empêcher d'entendre. Les Rois doivent être affligés, lorſque leurs Peuples ſont malheureux; ils ſont faits pour trembler, lorſqu'ils ſont opprimés. Loin de leur déguiſer les plaies de leurs Etats; loin de les endormir dans une ſécurité fatale que la ruine ſuit communément, des Miniſtres fideles leur parleront avec courage; ils les allarmeront, s'il le faut; ils exciteront leurs remords. Le Miniſtre ceſſeroit-il d'être Citoyen pour devenir eſclave? N'eſt il plus intéreſſé à la félicité publique, à la liberté de ſon pays? N'a-t-il pas à craindre les revers & les fureurs d'un maître qu'il auroit rendu deſpotique? Un Miniſtre qui travaille à faire un Tyran du Souverain, ne tarde pas à être puni lui-même par un ingrat qui ne ſuit que ſes paſſions ou celles qu'on lui ſuggere.

Plus à portée que ſon maître de connoître les hommes & leurs talents, d'entendre la voix Publique, de voir les beſoins des Peuples, le Miniſtre fidele préſentera aux pieds du trône l'innocence opprimée, la vertu négligée, le mérite toujours modeſte & timide. En un mot, il ſtipulera pour les Peuples; ils ſoutiendra leurs Loix, il défendra leur Liberté. De tels Miniſtres occuperont dans les cœurs de leurs Concitoyens, un rang bien plus diſtingué, que celui que la faveur peut donner & ravir. Un Miniſtre ne ſtipule-t-il pas ſes propres intérêts, quand il prend en main la cauſe de ſa Nation?

§. XXXI. *Corruption des Cours.*

GRANDE & libre dans ses domaines, la Noblesse s'avilit & s'asservit communément à la Cour. Si le trône est la source de son lustre idéal, il devient bientôt pour elle l'instrument de la corruption & de la servitude réelle. Le Noble attiré près du Monarque par sa vanité, par l'espérance des plaisirs, du crédit, de la faveur, quitte le paisible héritage de ses peres où il pouvoit faire du bien, se faire aimer, considérer, respecter, pour se faire mépriser; bientôt, à l'exemple de la foule qui l'entoure, il se plonge dans l'oisiveté, dans le luxe, dans la dépense; de libre qu'il étoit, il tombe dans la dépendance; ses richesses une fois épuisées, le besoin des plaisirs couteux devenus nécessaires à son imagination enivrée, & surtout les besoins insatiables de sa vanité l'enchaînent aux pieds du Despote, qui parvient à lui persuader qu'il est honorable de dépendre & de ramper. Le comble de l'avilissement est de se glorifier de ses fers.

LA Politique du Despotisme fut toujours d'inspirer de la vanité aux Grands, de les exciter à se ruiner, afin d'en faire des mendians. Il est aisé de dompter & d'asservir des hommes qui sont dans le besoin. Comment trouver de la grandeur d'ame, de la force, de la vertu dans des hommes ruinés, endettés & qui craignent la misere? Il faut consentir à ramper devant les distributeurs des graces; il faut pour la fortune renoncer à la vertu. Les Princes qui voulurent exercer un pouvoir absolu surent, par des préférences, par des distinctions souvent frivoles ou peu couteuſes, & même par des bienſaits réels, aiguillonner la vanité, l'émulation, la jalouſie de ceux qui les entouroient. Un Deſpote ne voit qu'avec peine, des Grands qui ne demandent rien; il veut que tout dépende; l'intérêt met dans ſes fers, ceux que la terreur n'avoit point ſubjugués: toujours inquiet & ſoupçonneux, il veut avoir ſous les yeux des ôtages qui lui répondent de leur propre dévouement. D'ailleurs il prétend que tout ce qui l'approche devienne plus ſacré, plus reſpectable pour ſes Peuples. Il préfere ſouvent le vil Eunuque qui lui rend les ſervices les plus bas, au guerrier courageux qui commande ſes armées.

Si l'intérêt eſt le Dieu des Courtiſans, la jalouſie eſt leur bourreau: la faveur du Prince eſt pour eux une vraie pomme de diſcorde qui devient le prix de la ruſe. Delà ces intrigues éternelles; delà ces complôts perfides pour écarter ceux que la confiance du Monarque ſemble diſtinguer des autres: delà ces calomnies, ces trahiſons, ces trames pour anéantir les hommes que ſon choix veut élever, ou pour détruire ceux auxquels il a confié ſon pouvoir. Ce ſont ces menées redoutables qui effraient & ébranlent ſouvent la probité des Miniſtres: elles ont lieu ſur-tout ſous ces Monarques incapables de juger par eux-mêmes, ou trop indolents pour chercher la vérité; ceux-ci ne prêtent que trop ſouvent l'oreille à l'impoſture, & détruiſent ſans examen les objets que pourſuit l'envie, la vengeance & l'artifice. Des hommes qu'un vil intérêt guide ſont ordinairement ligués contre le mérite, & s'efforcent de lui arracher le pouvoir.

Le Courtisan accoutumé à l'oisiveté, au désordre, à l'intrigue, craint la vigilance, le retour de l'ordre & les regards pénétrants de la sagesse; le mérite revêtu du pouvoir lui fait toujours ombrage; semblable à ces serviteurs qui tirent tout le fruit des déréglements, des profusions, & des vices de leurs Maîtres, rien ne lui paroît plus redoutable que l'intégrité d'un Ministre qui chercheroit à rétablir l'économie & la regle, ou qui consulte l'équité dans la distribution des graces.

Cependant le Courtisan est un Protée: sa souplesse lui fait prendre sans peine toutes les formes qu'il plaît au Souverain de lui donner. Il ne tiendroit qu'au Prince d'en faire même un Citoyen. Si les regards du Maître ne montroient au crime que de l'indignation & de la sévérité, le Courtisan affecteroit au moins des vertus; si ses yeux marquoient de l'aversion & du mépris à l'ignorance, à la frivolité, au vice, le Courtisan chercheroit à s'instruire & affecteroit la probité. Un Prince peut à son gré & d'un clin d'œil changer la face de sa cour; elle ne peut être corrompue sous un Monarque vertueux.

Ce n'est que sous des Princes fainéants, que les Courtisans & les mauvais Ministres exercent en liberté leurs cabales, & leurs méchancetés. C'est alors que les Nations & les Souverains deviennent la proie de ces hommes pervers également dangereux pour le Maître qu'ils corrompent, & pour les Peuples qu'ils oppriment.

Tels sont pour l'ordinaire ces hommes révérés des Peuples, objets de l'envie de la Nobleſſe, de la faveur des Rois, des ſoupçons & des craintes de leurs ſemblables. Tels ſont ces mortels que l'on appelle *Grands*, & qui ne s'élevent qu'à force de ramper; qui ne travaillent au Deſpotiſme du maître, que pour exercer impunément leurs propres paſſions; qui ne font un Dieu du Souverain, que pour écraſer ſes Sujets. Telles ſont ces ames endurcies qui, du faîte de la grandeur, du ſein de l'abondance & du luxe, inſultent aux pleurs des Nations dont ils partagent les dépouilles, & laiſſent à peine tomber leurs regards ſur l'indigence laborieuſe qui nourrit leur vanité. C'eſt pour récompenſer leurs vices & leur inutilité, que les Rois, toujours pauvres au ſein même de l'opulence, prodiguent les tréſors des Nations; celles-ci travaillent ſans relâche pour réchauffer dans leur ſein des ſerpents qui les rongent ſans pitié. Les Courtiſans & les Grands regardent toujours la Nation comme un pays conquis dont le pillage leur appartient.

Voilà les ſervices importants que le Courtiſan rend à la Société dont il eſt membre; il ſe perſuade qu'elle ne peut payer trop chérement ſon aſſiduité auprès d'un maître qu'il s'efforce d'aveugler & de pervertir. Mais ſouvent le coloſſe qu'il a trop élevé retombe ſur ſa tête. Jouet perpétuel de l'inconſtance & de l'intrigue, il eſt ſouvent écraſé par l'idole qu'il encenſe. Chez ces Deſpotes que la flatterie égale aux Dieux, les Miniſtres & les Grands diſparoiſſent à chaque inſtant & ſont précipités dans la pouſſiere; ils ſont à leur tour les victimes de la Tyrannie qu'ils ont alimentée. Plongé dans la diſgrace, le Courtisan s'apperçoit trop tard que la liberté publique qu'il a contribué à détruire, étoit un rempart qui eût pu le garantir lui-même. Si les Courtisans n'étoient des lâches, les Peuples seroient libres & l'on ne verroit point de Tyrans.

§. XXXII. *De la Magistrature.*

TOUT Souverain doit la justice à ses Sujets, soit par lui-même, soit par l'organe de ceux qui la rendent pour lui, au nom de la Société dont il tient son pouvoir. Dans toutes les Sociétés, les Magistrats forment un ordre de Citoyens que l'utilité de leurs fonctions doit distinguer. On appelle *Magistrats* ceux qui dans chaque Gouvernement sont chargés de juger leurs Concitoyens, de veiller à l'observation des Loix, en un mot, de maintenir l'ordre & la tranquillité. Les Souverains, sur-tout dans les grandes Sociétés, ne pouvant par eux-mêmes rendre la justice à tous leurs Sujets, sont obligés de confier une portion de leur pouvoir à quelques Citoyens plus éclairés & plus instruits que les autres, qui, devenus les organes des Loix, décident leurs différends, assûrent leurs personnes & leurs biens, répriment la violence, font exécuter les volontés publiques, & infligent aux infracteurs des Loix les châtiments qu'ils méritent. Ainsi dans chaque Etat, l'Autorité du Magistrat est une émanation de l'Autorité Souveraine, qui représente celle de la Société. De même que le Souverain n'a point le droit de faire des Loix injustes, & ne peut qu'étendre, appliquer & interpréter les Loix de la Nature, les Magistrats, simples exécuteurs des volontés publiques, ne peuvent qu'appliquer les Loix établies aux circonstances particulieres: ils n'ont aucunement le droit de les interpréter d'une façon arbitraire. Ils n'ont pas celui de faire des Loix; ils n'exercent point le pouvoir législatif, ils ne sont que chargés d'une portion de la puissance exécutrice, déterminée soit par l'usage, soit par des regles expresses, soit par la droite raison, & l'intérêt de l'Etat.

DES fonctions si nobles exigent de ceux qui les exercent des connoissances profondes, une raison exempte de passions, une équité impartiale. Une Société fort étendue, renfermant un grand nombre d'individus, ses mouvements deviennent plus compliqués, & les circonstances des Citoyens doivent varier à l'infini. Cette variété exigeroit, pour ainsi dire, une loi nouvelle pour chaque circonstance particuliere; c'est pour remédier à cet inconvénient, que les Magistrats reçoivent de l'Autorité Publique, la faculté d'expliquer la Loi & de l'appliquer d'après des maximes raisonnables fondées sur l'utilité générale.

LA méditation, la justesse de l'esprit, & surtout la droiture du cœur peuvent seules faire un Ministre des Loix. L'homme frivole ou vicieux ne sera jamais un Magistrat integre. Il faut de la pénétration & de la réflexion pour percer les voiles dont les passions des hommes cherchent à s'envelopper; la connoissance du cœur humain & des droits naturels à l'homme est indispensable pour un juge; étude longue & souvent trop négligée par ceux qui jugent les hommes! Il n'y a que la probité éclairée par l'expérience qui puisse indiquer la juste maniere d'appliquer les regles qui, sous les Gouvernements les plus sages, ne peuvent être que générales & vagues. Si la Législation n'est faite que pour appliquer les Loix de notre nature, il est important de connoître ces Loix primitives qui découlent de la nature de l'homme.

Sous un Gouvernement équitable, les Magistrats soumis à des Loix uniformes, à des regles constantes, à des formes invariables, exercent, sans obstacles, leurs utiles fonctions. Citoyens eux-mêmes, ils connoissent les vœux des Citoyens; à portée de voir de près les besoins des Peuples, au défaut des Représentans de la Nation, c'est dans leur bouche qu'un Souverain vertueux cherchera la vérité toujours méconnue ou déguisée par des Ministres ambitieux, par des Courtisans flatteurs, par des Grands qui trop souvent se mettent au-dessus des Loix. Quand même les Loix fondamentales de la Société n'auroient point lié les mains du Monarque, par prudence il consultera des Citoyens expérimentés qui peuvent lui faire connoître les inconvénients résultants souvent des démarches même dictées par les intentions les plus pures. Dans les pays où la volonté expresse de la Société ne s'est point réservé une portion du Pouvoir Souverain, & où la Nation ne s'est point fait représenter par un Corps permanent, la Magistrature, jouissant de la confiance des Peuples, est instruite de leurs besoins & des abus dont ils souffrent. Elle devient, tout naturellement & d'elle-même un rempart, toujours nécessaire entre l'Autorité Suprême & la Liberté des Sujets. Les Peuples prennent des idées favorables de ceux qui ſont chargés de leur rendre la juſtice; ils eſperent trouver en eux plus d'équité que dans le Souverain, dans ſes Miniſtres, ſes Favoris dont trop ſouvent ils n'éprouvent que les violences: la voix du Magiſtrat eſt alors le ſeul moyen qui reſte au Monarque pour connoître le vœu de ſa Nation, qu'il ne peut jamais étouffer ſans crime & ſans danger.

AINSI dans tout Gouvernement, le Magiſtrat doit occuper un rang honorable & diſtingué; il doit être reſpecté par ſes Concitoyens qui en éprouvent l'utilité; il mérite les égards du Souverain qui ſe reſpecte lui-même dans la perſonne des Magiſtrats qui parlent en ſon nom & en celui de la Société. Mais ce n'eſt point à la place que cette diſtinction eſt due. L'eſtime & les récompenſes ne peuvent appartenir qu'à ceux qui ſervent la Nation. Un attachement inviolable à la juſtice, une connoiſſance profonde des Loix, une vigilance continuelle, un amour inaltérable du bien public ſont les qualités en échange deſquelles les Peuples ſont convenus d'accorder leur vénération & leur tendreſſe à ceux que leurs fonctions élevent au-deſſus d'eux. Ce ſeroit une vanité puérile que de prétendre aux prérogatives d'un Etat, quand on en eſt indigne, ou quand on néglige d'en remplir les devoirs. Pour être reſpectable, il faut que le Magiſtrat ſe reſpecte lui-même. Comment conſervera-t-il les mœurs publiques, ſi les ſiennes ſont dépravées? De quel front punira-t-il, au nom de la Société, des excès dont il eſt complice lui-même? Aura-t-il le courage de décider de la vie, des biens, de la félicité de ses Concitoyens, lorsque la dissipation aura rempli des moments qu'il devoit à l'étude & à l'examen sérieux de leurs droits? Comment sera-t-il juste, lorsque rampant sous le crédit, la faveur dictera ses arrêts? Parlera-t-il au nom des Peuples, lorsqu'il ignorera les besoins, les desirs & les droits de la Société?

Sous le Despotisme, les Magistrats soumis aux caprices d'une volonté changeante & corrompue, ne peuvent suivre de regles ni de formes certaines: des Loix versatiles & passageres ne demandent pour être exécutées, que des esclaves aveugles, ignorants, complaisants. Il n'est besoin, ni de lumieres, ni de talents pour être les instruments de la Tyrannie. L'Etude des Loix est superflue dans un pays où la fantaisie soutenue de la force est la seule Loi que l'on connoisse, où la faveur est le seul objet de tous les vœux, où la terreur réduit toutes les bouches au silence. Plus les Peuples sont libres, plus les Magistrats sont respectés des Sujets & considérés des Souverains. Sous un maître absolu, tous les esclaves sont égaux; s'il en distingue quelques-uns, ce sont uniquement ceux qui appuient son pouvoir: les Loix lui déplaisent, ainsi que les hommes qui en sont les organes: les forces qui mettent une digue au torrent de ses volontés, lui paroissent incommodes; une justice austere est odieuse à ses Ministres & à ses Courtisans. Le Despotisme veut selon sa fantaisie créer le juste & l'injuste, élever & détruire, sauver ses Favoris coupables & perdre ses ennemis innocents: il n'est content,

content, que lorsqu'il a renversé & les loix, & les formes, & les autels de la justice; il ne voit pas dans sa folie, qu'il s'expose lui-même aux attentats les plus terribles, & que les ruines du temple de l'équité écrasent en même tems, & le Tyran, & ses esclaves.

§. XXXIII. *Des Ministres de la Religion.*

Il est encore parmi les Sujets d'un Etat un ordre d'hommes qui par le rang qu'il occupe, par l'opinion des Peuples, & par ses prétentions, mérite toute l'attention du Gouvernement, c'est le *Clergé*. Cet ordre qui fait descendre du ciel ses prérogatives & ses droits, a souvent commandé aux Souverains mêmes & décidé du sort des Nations.

Il fut des tems où les Rois opposerent le Sacerdoce à la puissance exorbitante des Guerriers, des Grands & des Nobles devenus trop formidables à l'Autorité Souveraine. Ce fut cette Politique, autant que la dévotion des Princes, qui augmenta les droits, les revenus & la puissance des Prêtres. Les guides spirituels des Peuples devinrent des feudataires, & même des Souverains temporels; ils occuperent sans dispute le premier rang parmi des Citoyens avec lesquels leur orgueil ne leur permit pas de se confondre. Dans quelques pays; ils eurent des Soldats, & souvent ils exercerent des jurisdictions, des fonctions & des droits incompatibles avec leur institution primitive. Destinés par état à la paix, à l'instruction, ils devinrent guerriers; voués à la pauvreté, ils nagerent dans l'opulence; faits pour ne s'occuper que du ciel, ils se mêlerent sans cesse des affaires de ce monde. En un mot, ils présenterent à la terre le spectacle étonnant d'une foule de Princes qui se donnerent pour les successeurs d'hommes pauvres par principes & ennemis des richesses. Que dis-je? Enorgueillis de leur pouvoir ils l'étendirent sur les Rois mêmes, & pendant une longue suite de siecles ils troublerent impunément des Nations aveuglément soumises à leurs décisions impérieuses.

Nous n'examinerons point ici l'authenticité des titres, ni les fondements des prétentions des Ministres du ciel; nous nous contenterons d'observer que sur la terre tous les membres d'une Société en sont nécessairement les Sujets, que tous doivent être également soumis à l'Autorité & aux Loix, qui sont l'expression des volontés publiques: que tous doivent concourir proportionnellement aux avantages dont ils jouissent, au bien-être, au soutien, à la prospérité de l'Etat dont ils ressentent les bienfaits: tous doivent consentir à partager les calamités ainsi que le bonheur qu'il éprouve. On est homme avant d'être Religieux, on est Citoyen avant d'être Prêtre. Nulle Loi du ciel ne peut autoriser des Citoyens à se soustraire à des Loix faites pour tous, à se séparer des intérêts d'une Société qui protege, qui fournit la subsistance, qui procure la sûreté, l'abondance, lés honneurs.

Dès qu'une Nation croit un culte ou des opinions nécessaires à son bonheur, elle veut, sans doute, que les hommes chargés d'en remplir les fonctions & d'annoncer ses dogmes soient payés de leurs services; le salaire & les récompenses se proportionnent aux besoins que l'on croit en avoir, ou à l'idée que l'on se forme des avantages que procurent les Ministres de la Religion, en un mot, à la vénération que les Peuples ont pour eux. Plus les hommes sont grossiers, & plus ils sont superstitieux; plus le Dieu est terrible, plus ses Ministres sont honorés. L'expérience de tous les tems nous prouve que ce fut toujours dans les Sociétés les moins éclairées que les Prêtres eurent le plus d'ascendant; c'est toujours en raison de leur ignorance, que les hommes ont accumulé sur les membres du Clergé les richesses, les bienfaits, les honneurs. L'utilité de ces hommes sacrés n'est fondée que sur les opinions, sur les craintes des Nations. Les idées des Peuples, sujettes à des variations, ont fait varier le sort des Ministres des autels. Ainsi les Sociétés politiques, ou les dépositaires de leur pouvoir furent toujours en droit de proportionner les récompenses & les bienfaits aux idées de la Nation, c'est-à-dire aux besoins qu'elle en eut, ou qu'elle crut en avoir. Une Nation n'eut dessein d'encourager, ou de récompenser l'oisiveté, que lorsqu'elle s'imagina que cette oisiveté lui étoit profitable. Quand revenue de ses préjugés, elle s'apperçoit qu'elle s'est trompée, quand ouvrant les yeux elle renonce aux opinions qui avoient séduit ses peres, qui peut douter qu'elle n'ait le droit de retirer ses bienfaits, de réclamer contre l'ouvrage de la séduction, en un mot, de revenir sur les démarches imprudentes dont elle sent les inconvénients? La raison ne permet donc pas de douter que la

Société, ou l'Autorité qui la représente, n'aient le droit de disposer des possessions du Clergé de la maniere la plus utile pour les Peuples & la plus conforme à leur façon de penser, & à leurs besoins actuels. Ces biens n'ont été donnés que sous des conditions & par des motifs sujets à disparoître; alors nulle prescription ne peut en assûrer la possession à ceux qui en abusent, en devenant inutiles ou nuisibles à l'Etat; la Nation rentre alors dans ses droits; elle peut reprendre des biens que le délire seul lui a fait aliéner.

Il n'est pas moins évident que l'Autorité Suprême a droit de commander indistinctement à tous les Citoyens, de réprimer leurs excès, de les punir suivant les Loix : il est contre l'essence de la Société de permettre à quelques-uns de ses membres de lui nuire & de la déchirer impunément; elle seroit dans le délire, si elle réchauffoit dans son sein des enfants ingrats qui, contents de se nourrir de sa subsistance, refuseroient de la secourir elle-même dans ses besoins.

Dans presque toutes les Nations Européennes, le Sacerdoce forme, dans le sein de l'Etat, un corps séparé de l'Etat qui refuse d'en dépendre, qui suit des Loix différentes de celles qui commandent au reste des Citoyens, qui préfere l'autorité d'un Chef de son ordre à celle des Souverains & des Nations, enfin dont la Législation & les maximes sont souvent en contradiction avec celles de la Société. Des exemples sans nombre ont de tout tems prouvé les inconvénients résultants de l'esprit de ce corps insociable; mais le préjugé victorieux ferme souvent les yeux des Souverains & des Peuples sur leurs intérêts les plus vrais; ils se croiroient impies & sacrileges s'ils touchoient à la personne ou aux possessions d'un ordre d'hommes inutiles que l'oisiveté rend souvent vicieux, que l'opulence enorgueillit & que l'impunité rend téméraires. L'Etat doit être maître du Clergé; le Clergé ne doit jamais être le maître de l'Etat.

Si ces maximes paroissent révoltantes à ces hommes hautains dont les droits n'ont que la crédulité pour base, dont le préjugé seul fait récompenser l'oisiveté, on leur dira que la saine Politique ne souscrit point à leurs prétentions fastueuses; que les Peuples guéris de leurs erreurs sont en droit de payer moins chérement les prétendus services que leurs Prêtres leur rendent. S'ils refusoient de reconnoître les droits de la Société dont ils reçoivent les bienfaits, ne seroit-elle pas en droit de les renvoyer pour leur subsistance à ces Dieux dont ils disent que leurs droits sont émanés? Comment devroit-elle ses récompenses ou son estime à des parasites qui ne s'attachent à l'Etat que pour le dévorer & le troubler?

Quel découragement pour tous les Citoyens utiles & pour les cultivateurs laborieux que de voir des essaims de cénobites & de moines paresseux, sans aucun travail avantageux pour les Nations, se nourrir du miel préparé par leurs Concitoyens, & fondés sur des droits usurpés par l'imposture, les soumettre à des impôts onéreux! Le laboureur ira-t-il défricher des terres incultes pour s'imposer la néceffité de payer le produit le plus clair à des hommes avides qui ne font rien ni pour l'Etat ni pour lui?

QUELQUE rang qu'occupe le Sujet, s'il veut être réputé Citoyen, il doit obéir à l'autorité de l'Etat, & lui procurer des avantages, ils ne mérite des distinctions qu'autant qu'il sert la Société. Le rang, la considération, les privileges, les richesses, sont des récompenses que les Nations ne peuvent sans folie accorder que pour leur bien; les distinctions sont des abus, dès qu'elles sont ravies aux services, aux talents, & données au hazard, à la brigue, au préjugé. Une Nation est-la victime de l'erreur, dès qu'elle considere des hommes ou des corps qui ne lui sont d'aucune utilité. Le Souverain en est, sans doute, le Citoyen le plus respectable, lorsqu'il lui procure le plus de bonheur. Le Cultivateur, l'Artisan, le Commerçant, l'homme de lettres, lui seront chers, lorsqu'ils travailleront à son bien-être. Le Ministre, le Guerrier, le Noble, le Représentant en seront considérés, lorsqu'ils veilleront à sa sûreté. Elle respectera ses Magistrats, parce que leurs fonctions lui seront toujours avantageuses; elle ne considérera & n'enrichira ses Prêtres, qu'autant que ses préjugés les lui rendront nécessaires.

LE regne de l'opinion ne peut durer, qu'autant que les hommes seront ignorants; dès qu'ils seront plus raisonnables ils abandonneront leurs chimeres. Dans l'enfance des Sociétés, des Peuples crédules ont besoin de fables, & de merveilles, & font le plus grand cas de ceux qui les débitent; mais peu-à-peu ces puérilités disparoissent pour faire place à des objets plus importans. Des Princes sans lumieres & sans vertus ont cru trouver une très grande utilité dans les opinions religieuses, parce qu'ils les jugeoient propres à fortifier leur pouvoir dans l'esprit de leurs Sujets: des Souverains plus sages & plus équitables sauront que le mensonge n'est bon à rien; ils verront que de bonnes loix, des bienfaits réels, une administration vigilante les feront régner plus sûrement sur des hommes que toutes les rêveries & les hypotheses de la Superstition. Le Sacerdoce, qui mille fois a troublé le repos des Empires, n'est utile qu'aux Tyrans qu'il couvre de l'Egide de la Divinité: il est inutile aux bons Princes qui n'ont rien à redouter: il est inutile à tous les Citoyens raisonnables qui trouvent dans la raison un guide bien plus fidele que dans les doctrines obscures, les mysteres & les énigmes des Prêtres. Un Trône fondé sur les autels peut être incessamment ébranlé par les Ministres des autels; un Trône établi sur la justice, sur la bonté, sur l'affection des Peuples ne peut point être ébranlé.

Le Souverain & les Sujets ont les mêmes intérêts qui jamais, sans péril pour le corps politique, ne peuvent se diviser. Le bonheur d'un Etat & sa vigueur dépendent de l'accord & de l'harmonie du chef & de ses membres. Le Prince ne peut être heureux & puissant qu'à la tête d'un Peuple content. Les Sujets ne peuvent obtenir le bonheur, qu'en réunissant de bonne foi tous leurs efforts pour se procurer les biens qu'ils desirent, ou pour repousser les dangers qu'ils ont à craindre. Cependant par un effet de l'ignorance des principes les plus clairs de la Politique, on voit presqu'en tout Pays les Souverains faire bande à part & se faire des intérêts totalement contraires à ceux des Peuples qu'ils gouvernent. Delà résultent tous les maux du Despotisme & de la Tyrannie, qui finissent tôt ou tard par ensevelir & les Souverains & les Sujets sous les ruines de l'Etat. La plupart des Sociétés nous montrent des corps monstrueux dont les chefs & les membres ne tiennent point les uns aux autres, ou ne s'accordent dans aucuns de leurs mouvements. Les Princes semblent former le projet impraticable de se rendre heureux tout seuls en rendant leurs Sujets malheureux: ceux-ci divisés en des classes diverses qui se haïssent, se méprisent ou s'envient réciproquement, ne travaillent point de concert & n'offrent aucune résistance aux coups de la Tyrannie. Chaque classe de Citoyens fait un corps à part dont les membres sont continuellement en discorde. La Noblesse orgueilleuse rougiroit de faire cause commune avec le Peuple qu'elle dédaigne. Le Guerrier, ligué avec le Prince, ne croit avoir aucun lien qui l'attache à ses Concitoyens. Le Clergé détaché de ce monde, c'est-à-dire des nœuds de la Société, ne songe qu'à maintenir ses droits usurpés sur les Peuples & les Souverains. Par cette division funeste les Nations deviennent une proie facile pour le Despotisme qui les dévore. Tout corps qui sépare ses intérêts de ceux de la Nation, sera tôt ou tard subjugué. Tout Citoyen qui se sépare de ses Concitoyens, mérite d'être un esclave.

FIN DU TOME PREMIER.

www.ingramcontent.com/pod-product-compliance
Lightning Source LLC
LaVergne TN
LVHW020558230826
846091LV00002B/524

* 9 7 8 2 0 1 9 1 2 6 3 7 7 *